新经管书系

成功生意人的制胜规则

JUEZHANSHANGCHANG

长河易・著

中国财富出版社

图书在版编目（CIP）数据

决战商场：成功生意人的制胜规则／长河易著.—北京：中国财富出版社，2016.4

（新经管书系）

ISBN 978－7－5047－6094－4

Ⅰ.①决…　Ⅱ.①长…　Ⅲ.①企业战略—研究　Ⅳ.①F272

中国版本图书馆CIP数据核字（2016）第071213号

策划编辑　宋　宇　　**责任编辑**　齐惠民　于晨苗
责任印制　何崇杭　　**责任校对**　杨小静　　**责任发行**　敬　东

出版发行　中国财富出版社
社　　址　北京市丰台区南四环西路188号5区20楼　**邮政编码**　100070
电　　话　010－52227568（发行部）　010－52227588转307（总编室）
010－68589540（读者服务部）　010－52227588转305（质检部）
网　　址　http：//www.cfpress.com.cn
经　　销　新华书店
印　　刷　北京京都六环印刷厂
书　　号　ISBN 978－7－5047－6094－4/F·2571
开　　本　787mm×1092mm　1/16　　**版　　次**　2016年4月第1版
印　　张　12.75　　**印　　次**　2016年4月第1次印刷
字　　数　170千字　　**定　　价**　32.00元

前　言

在这个世界上，有很多的生意人，他们才华横溢、能力超群，有的甚至有着上天入地的本领，但为何在生意场寂寂无名？究其原因，就是他们不知道生意场中的制胜规则，也不会灵活运用生意场中的制胜规则，更不知道生意场中制胜规则的威力——它在正式规则之下，从一个侧面支配着社会运行。生意人不要抱怨自己怀才不遇，没有资金，也不要抱怨自己没有经商的条件，其实只要洞悉商场里的制胜规则，你的生意将彻底改变。

在市场经济高速发展的今天，灵活运用生意场中的制胜规则，才能使你在这个竞争时代生存下来，而且会让你活得更好。

一个拥有诚实、诚信品格的生意人，凡是与他交往的人，大多会感到亲切愉快，并愿意为其提供更多的资源；一个“仁中取利真君子，义内求财大丈夫”的生意人，将会获得更多的赚取财富的机会；一个尊重他人的生意人，一个换位思考的生意人，将会赢得越来越多的利润。这就是生意人成功做人而带来财富的制胜规则。

一个善于透过现象看到本质、谋潜在之势的生意人，永远会站在市场的最高端；一个懂得反向思维、不囿于传统思维的生意人，永远都能运筹帷幄、百战百胜；一个敢于打破常规、敢于出奇出新的生意人，永远都能最早把握商业经营的新规则；一个懂得蓝海战略、开拓前所未有的市场的生意人，财富市场会为他慷慨而开。这就是生意人拥有成功战略思维所带来财富的制胜规则。

一个能积极倾听、认真倾听的生意人，永远会在生意场上找到商机；一个不断提高自身修养，扩大知名度的生意人，永远会在生意场上得到财源。这就是生意人成功挖掘自身潜力所带来财富的制胜规则。

没有开不了场的生意，也没有谈不成的生意；没有发现不了的市场，也不存在没有商机的市场。

事实就是如此，一个生意人能洞悉生意场中的制胜规则并灵活运用这些规则，可以有效促进生意的发展。一个不懂得生意场中制胜规则的生意人，必定在生意场上如履薄冰、寸步难行。

《决战商场——成功生意人的制胜规则》让你成为一名真正的掌握制胜规则的成功生意人，让它和你一起走向事业的顶峰吧！

目　录

第八章　生意场上，倾听的潜威力　

生意人要学会倾听，做好倾听，从倾听中获得有用信息，并在生意场中快速应用。

古希腊有一句民用谚语："聪明的人，借助经验说话；而更聪明的人，根据经验不说话。"西方也有一句著名的话："雄辩是银，倾听是金。"中国则流传着"言多必失"和"讷于言而敏于行"这样的济世名言。通过这些话，可以给我们这样的启示：在交往过程中，尽可能少说而多听。

一位擅长倾听的生意人，会通过倾听，从顾客、合作方那里及时获得信息，对其进行分析和评估，并快速做出决定，促进生意的成功。

善于倾听的生意人，能及时发现员工的长处，帮助员工提升自信心，加深彼此的感情，从而激发员工的工作热情与负责精神，以提高公司的效率。

注意倾听是给人留下良好印象的有效方式之一。许多生意人不能给对方留下良好印象，就是因为不注意听对方讲话。所以，在生意场上，学会倾听，是生意人经商成功的必经之路。

第九章　拥有自己的蓝海市场　

目前，在国内许多行业中，产品同质化十分严重，企业为争夺有限的市场空间而采取各种激烈的"战争"，导致整个行业生存环境恶化。同时，随着经济全球化格局的日益形成，中国企业将不得不面对层次更高的国际竞争。在国际市场上，由于中国企业已被长期的"内耗"严重地削弱了实力，它们已无太多优势可以利用，去应对强大的跨国公司的进攻。蓝海战略的出现，为那些已处于"内忧外患"的中国企业超越竞争、实现可持续性发展提供了一种创新的战略思维。

著名企业家姜南春对蓝海战略有个形象的比喻："很多人非常疯狂地拥挤到巴士上

抢座位，好不容易挤上去了，还要抢座位，好不容易抢到座位，却时时刻刻担心被别人抢走。而陈天桥（盛大网络董事会主席）这个时候却不去挤巴士，他走上了旁边的一辆凯迪拉克，没有人，油箱是满的，车上已经插好了钥匙，一踩油门就可以飞驰而去了。”这个比喻形象地说明，这种通过价值创新找到的商业模式的发展之路，才是最成功的商业模式。因此，生意人拥有自己的蓝海战略是具有非常巨大的现实意义的。

第一章

生意场上，好的人品是财源

一位成功的商人曾这样说过：“天资聪颖不如勤于学问，好学好问不如处世好，处世好不如做人好。”

诚实、有信誉是生意人经商的韬略和智慧，而好的人品是立足于生意场的根本，获得财源的最佳妙方。

第一节　诚信为本，做生意

生意人要有好的人品，如此才能人皆敬之，天道佑之，财富随之。具体而言，好的人品就是诚实、诚信、守义等。对于生意人来说，好的人品就是经商的韬略和智慧，是立足于生意场的根本，是获得财源的最佳妙方。因此，在生意场里，可以充分利用人们看重生意人所具有的好人品的心理的潜意识，打开生意成功之门。

1. 做生意，以诚为基

诚即真诚，诚实。诚是立身之本，是一种美德。人之无诚，不可为交。“欲当大任，须是笃实。”做人只有实实在在、老老实实，才能赢得别人的尊重，才能在社会上站稳脚跟。在生意场里更是如此。正如李嘉诚所说：“人要去求生意就比较难，生意跑来找你，你就容易做。如何才能让生意来找你？那就要靠朋友。如何结交朋友？那就要善待他人，充分考虑对方的利益。”

台湾声宝股份有限公司董事长陈茂榜在创业初期，在没有充足的资金的情况下，反靠着自己的诚实，就为自己带来了创业的成功。

陈茂榜24岁时，用100元开了家电器行，但由于资金不足，他只好以50元为一单位，分别分给两家电器中盘商做保证金，然后向他们提货来卖。由于陈茂榜为人诚实，做生意特别讲究信誉，因此，这两家中盘商都很信任他，其实陈茂榜向他们所提的货高达500元，即保证金的10倍，50元的保证金只不过是一种形式。

由此可见，只有真诚待人，才能做成大生意。

北京汽车音响发烧友俱乐部的周志永，也是这样一位真诚待人，从而取得成功的生意人。虽然周志永不愿意称自己是生意人，而认为自己是从事着一个事业，认为“把美好的音乐送给百姓车族”就是自己的事业。

周志永说：“做生意先做人，做个诚实的人。”

这句话从到周志永店的用户得到了证实：这儿的老板不是一味地引导你装昂贵的音响，而是先向你介绍关于汽车音响的知识，根据你的经济实力、汽车车型和个人爱好，为你设计一套适合的安装方案。在双周音响中心，不管是装1000多元还是十几万元的汽车音响，都可以享受到耐心周到的服务。

“适合就是最好的。如果一个爱吃鱼香肉丝的人，你非让他吃鱼翅海鲜，那怎么能让人满意呢?”周志永说。

“让百姓花钱得到超值的享受”，这是周志永做生意的原则。因此，双周音响店的回头客非常多，在这些客户里面，许多人还成了周志永的好朋友。

周志永对那些特别喜欢音乐的人有一种特别的亲切感，这些人让他有遇知音的感觉，因此也愿意帮着他们实现梦想。一个音乐发烧者想换汽车音响想了多年，但因爱人不同意，一时凑不齐钱，就找到周志永。周志永先收了10%的手续费就为他安装了一套价值一万多元的音响，这位本来素不相识的消费者送余款来时说：“没有想到你这么信任我。”周志永觉得，喜欢音乐的人心地都应该是向善的，他真诚待人，别人也会一样对他。

一位50多岁的外科大夫，为了放松上手术台前的心情，在双周音响店安装了一套音响，周志永了解大夫的性格和爱好，特地设计了一套非常合适的音响安装在大夫的车上，让大夫花不多的钱，就能每天在上下班时间享受到音乐的安慰。这位外科大夫为了回报周志永，在此之后经常到双周店为职工做健康咨询。

正因为周志永在生意场里真诚待人，把他人的需求当作自己的需求，站在客户的角度去考虑，以最大的诚意去为客户解决根本问题，才实现了他把这个事业做得红红火火的心愿。在北京首届国际汽车音响大赛上，经过国际汽车音响专家的严格评选，他组装音响的车得到了专业组第一名的成绩；接下来的此类比赛上，他设计组装音响的车又得到了“最大声压奖”“最受欢迎奖”“最佳音质奖”“最佳设计优胜奖”等一系列奖项，因此在行业内被称为“龙头”。

2. 做生意，以信为始

信即诚意，诚信。待人处事讲信誉；言必信，行必果；一诺千金。这对生意场上的生意人来说，是最大的招牌，更是财源之根本。因此，生意人应切记：信是赚钱的开始，一旦失去信，就难以挽回。

胡庆余堂药店开办之初，胡雪岩想要做出一块不倒的“金字招牌”，建立起真正的名气，而要做出真正的名气，其实很简单，就是两个字——“戒欺”。实际上这“戒欺”二字，说白了就是“诚信”。

在胡庆余堂药店的大厅里，挂有一块黄底绿字的牌匾。这块牌匾不像其他药店大堂上那些给上门的顾客观赏的对联匾额，一律朝外悬挂，而是正对着药店坐堂经理的案桌，朝里悬挂。这块牌匾叫作“戒欺”匾，匾上的文字是胡雪岩亲自拟定的：“凡百贸易均着不得欺字，药业关系性命，尤为万不可欺。余存心济世，誓不以劣品弋取厚利，惟愿诸君心余之心，采办务真，修制务精，不至欺予以欺世人，是则造福冥冥，谓诸君之善为余谋也可，谓诸君之善自为谋亦可。”

匾上所言是胡雪岩对于自己药店的档手、伙计的告诫、警醒，也是他确立的胡庆余堂的办店准则，那就是“采办务真，修制务精”，即方子一定要可靠，选料一定要实在，炮制一定要精细，卖出的药一定要有特别的功效。药店上至“阿大”（药店总管）、档手，下到采办、店员，除勤谨能干之外，更要诚实、心慈。只有心慈、诚实的人，才能时时为病家着想，时时注意药的品质。这样，药店才不会坏名声、倒了牌子。

正是如此，胡雪岩靠诚信无欺建立起了自己真正的名气，真正做起了“金字招牌”。

“船王”包玉刚曾经对人这样说：“签订合同是一种必不可少的交易手续，纸上的合同可以撕毁，但签订在心中的合同不能撕毁。人与人之间的友谊建立在互相信任的基础之上。”这就是诚信的本质内涵。

20世纪50年代的香港航运界，包玉刚还只是个无名之辈，没有人认识他。当时他只能靠经营散装货轮营生，因为散装货轮吨位小、租金低。

到了60年代中后期，能源运输需求量大增，香港又处于对接内地和外部的枢纽的位置，包玉刚看准国际航运将出现千载难逢的发展时机，就大举购买油轮，成立环球航运集团，积极投入石油运输。但是租船的主要客户——欧美的石油公司却对华人船只不屑一顾，更何况寂寂无名的包玉刚，他们听都没听说过，要谈合作，根本没有机会。

但包玉刚是一个看准了就决不轻易放弃的人。他憋足了一股劲儿，挨家挨户地拜访各石油公司，并郑重许诺如果不能保质保量地将石油运送到目的地，甘愿接受加倍惩罚。

最终，经过费尽百般口舌，不屈不挠的包玉刚终于说动了ESSO公司的经理戴维·纽曼，不过他只同意租四只小型油轮，且只租用一次。

“只要有一次，就会有第二次！”包玉刚充满信心地说道。

包玉刚把这次合同看作环球公司打入国际航运界的声誉之战，所以他精心策划，亲自指挥，从计算运送日期到人员配置、调整都一手操持，最终高质量地提前将石油送到了指定港口。

当心中满是怀疑的洋先生亲眼看到了东方人的表现，他拉住包玉刚，激动不已地说：“包，中国船好极了！戴维·纽曼在激动之余还专为包玉刚举办答谢宴会，但此时还没有人会想到，一位新的船王就要崛起了。

绝对可靠的诚信成为包玉刚无与伦比的资本。经过短短20年的快速发展，包玉刚的船队已经拥有70余艘、共计1330万吨排水量货船，成为世界最大的独立船东，真正的“世界船王”。所以说，一个生意人，他事业取得成功是靠诚信不欺、靠信誉、靠切切实实满足客户的需要。

第二节　为仁义者，方可取利求财

经商以营利为目的，亦以道德信义为根据。对于一个优秀的成功的生意人来说，应该明白一条潜在的黄金规则：先有信，再有仁义，最后才是利。正所谓："仁中取利真君子，义内求财大丈夫。"

1. 施仁义之仁，方可取利

1988 年，诺贝尔奖获得者在巴黎集会时发表的《巴黎宣言》讲得好：人类要在 21 世纪生存下去，必须到 2500 年前的孔子那里汲取智慧。这个智慧就是学习仁义之仁，少一点唯利是图，多一点公益之心，才能在市场里获得更多的利益。这方面，和田一夫就是一位非常典型的拥有仁义之仁的生意人。

1958 年 9 月，太平洋台风的袭击令日本东部当地人民遭到了惨重的损失。这场台风对农业及交通都造成了巨大损失，一时间，蔬菜水果的供应非常紧缺，许多商人都按照"市场规律"，将价格上调了 5 ~ 10 倍，以获取巨额的利润。

然而，热海市八百伴百货商店的老板和田一夫与其他的商人不一样，他仍秉持着"仁中取利真君子"的原则，向公众保证：不管货源紧缺不紧缺，八百伴百货商店仍将维持与正常时期一样的定价，进行出售。

当这件事传出之后，几乎整个热海市妇孺皆知，就连临近乡镇的家庭主妇也都闻讯赶来采购蔬菜禽物。就这样，八百伴百货商店的做法一时间成为热海市最轰动的新闻。

“放着大把的钱不去赚，他真是天底下最大的傻瓜!”同行们纷纷对和田一夫的做法报以讽刺、讥笑、挖苦。但真正的聪明人会是谁呢?

这场风暴过去一星期以后，受灾害影响的公路以及客户也都渐渐恢复了正常的运作。当然，蔬菜、水果、肉类的供应也慢慢恢复了正常，没有再出现短缺的现象，而热海市内的各家商店也恢复了平时的正常价格来做生意。但就在这时，发生了一个极不寻常的现象，出乎所有的人意外。

由于物价上涨期间，人们都已经习惯了来八百伴百货商店采购物品，因此，许多人仍然是八百伴百货商店的老顾客，并且这些顾客感恩于这家商店善意的仁举，许多人不惜舍近求远，成了这家商店的长期顾客。从此以后，八百伴百货商店每天都门庭若市，来往的顾客络绎不绝。

显而易见，和田一夫是一位具有智慧的商人，并不是当初那些自以为聪明的同行所认为的傻子生意人。因为他明白在做生意的过程中，施仁义之仁才能获得更多的利润。

也正是因为和田一夫始终坚持做一个不失仁义之仁的商人，才能取得将一家乡下蔬菜店，建设成为在世界各地拥有400家百货店和超市、员工总数达28000人、年销售总额突破5000亿日元的国际流通集团。目前，该家集团旗下多家公司的股票已经在日本、新加坡、马来西亚等地上市成功。

2. 施仁义之义，方可求财

在做生意过程中，追求利润的前提是见利思义、先义后利、以义制利、以义取利。能做到义字当头，就有可能获得意外的丰厚的回报。正所谓“君子爱财，取之有道”，浙江义乌就有这样一批商人，他们坚持“仁中取利真君子，义内求财大丈夫”的原则，总是千方百计先让进货老板赚钱，等老板赚到了钱，他才会回过头来继续买你的货，进而让你赚更多的钱。义乌华鸿控股集团董事长龚品忠就是代表之一。

1990年，龚品忠从举债2000元开始经营工艺镜框起步，发展到今天以相框为主营产品，涉足工艺时钟、塑胶、纸业等相关领域的现代化企业集团。之所以能取得今天的成就，这里面起关键作用的是“义”字当头的生意原则，使他与许多客商建立了友好感情，促使生意越做越大。

1998年是华鸿控股集团公司龚品忠印象最深的一年，这一年他开始大规模拓展海外市场。一次，一位非洲生意人从他的企业进了一批相框，在海运途中却遭遇了一场大风浪，致使相框大量破碎，造成了巨大的损失。按双方订立的合同来说，运输途中的意外本与生产公司没有关系，但龚品忠在得知情况后，主动承担一半损失。

他对客户说：“既然你跟我做生意，就是我的朋友，朋友之间要有福同享，有难同当。”这位非洲生意人被龚品忠的这种朋友义气所感动，两人从此结成患难之交，时至今日，这位非洲生意人依然向华鸿公司进货。

龚品忠认为，公司当时虽然有所损失，但由此树立了良好的信誉。重义，不会有直接的效益，但却迟早会体现其效益，义积累到一定程度，会给人带来意外丰厚的回报。

在做生意过程中，做不到义字当头，就可能被动挨打。

1998 年，山西省朔州市发生了震惊全国的假酒中毒事件，尽管这件事表面上看似乎与汾酒毫无关系，最多说得上的也就是事件发生地点与汾酒生产地恰恰在同一个地方而已。事件发生后汾酒企业的管理者们简单地认为无须理会，所以他们并没有采取任何行动。也正是因为这种心理，造成了后来发现假冒汾酒时，让企业的管理者们处处被动，造成企业逐渐走向下坡路。

当假冒汾酒被查出来时，消费者便炸开了锅——消费者不知道此“汾酒”非彼“汾酒”，但是他们却知道，喝假酒轻则失明、重则死亡，有谁还敢喝呢？

此时汾酒企业的管理者才开始着急，开始声讨制假、贩假者。但是，这种着急只是一种为自己着急的表现，而不是为消费者着急的行为，所以消费者不会领情，不会认为汾酒是一家贴心的企业，是一个有社会责任感的企业。

相比较而言，做得聪明的是古井酒业，为防患于未然，事件一开始，其董事长就借着假酒事件在报纸上发表了一封公开信，信中就中国白酒行业的管理现状，建议相关部门以立法的形式来杜绝这种不法行为，加以严惩，并表示愿给假酒事件中受害者家属捐助20万元人民币的抚恤金，同时告诫消费者在购买白酒时一定要学会甄别真假。

正是因为这一“仗义”之举，使得各大报纸纷纷转载古井集团董事长的信，“3·15”专题节目也对该董事长进行了专访。这样，即使古井酒业以后遇到相似的情况，相信消费者的同情也会多于抵制。

第三节　相信他人，生意变得更多

“相信他人”，说起来很简单，但做起来，却并不是那么容易，这也是衡量一个成功人士的标准，更是一个成功人士必备的素养。

戴尔·卡耐基说过：“一个人的成功只有15%是依靠专业技术，而85%是依靠人际交往、有效说话等软科学本领。”由此可见，相信他人不仅是一种道德法则，还是一种动力，更是在人际关系中的重要价值体现。

相信他人，是以一颗真诚的心来对待别人，将心比心，为别人考虑，经常进行换位思考，站在别人的立场想问题。

相信他人，别人就会喜欢你，愿意与你合作。

相信他人，就是先做朋友，再谈事，这样才能打消他人的心理顾虑，余下的事则水到渠成。

1. 待人如己，生意找上门

在做生意过程中，与他人打交道是必不可少的事，有些人在为了自己的利益而讨价还价时，或为了自己的产品能卖出去而进行推销时，忘了用一颗真诚的心去对待他人，因而错失了机会而不知其所以然。而有的生意人，却能在做生意过程中，坚持着待人如己的思想，从而获得更多的财富。

香港巨商曾宪梓在没有成为富翁之前，曾经有一次背着自己工厂生产的领带到一家外国人开的商店去推销。

他一走进服装商店的大门，服装店老板见他操着一口方言，穿着不得体的衣服，就把他往外赶。曾宪梓吃了一鼻子灰，只好离开了这家商店。

回家之后，曾宪梓反复地思考，为什么服装店老板根本不听他说，就把自己赶出来呢。

第二天，曾宪梓穿着整齐的服装又来到了这家商店，恭恭敬敬地对老板说："昨天冒犯您了，很是对不起！今天能不能请您赏光吃个早茶?"这位老板看到衣着考究、礼貌有加的年轻人，顿时有了好感，于是欣然应允。

老板问曾宪梓："领带呢?"

"今天是专门来向您道歉的，不谈领带生意的事。"曾宪梓回答道。

听到曾宪梓这么回答，这位老板对曾宪梓刮目相看起来，被他的诚意打动了。后来，他们成了生意上很好的合作伙伴，为金利来的发展起到了第一桶金的作用。

曾宪梓起初只是一个贫穷的创业者，一无本钱，二无人才，只能依靠自己的待人如己的真诚去交朋友，也正是这份待人如己的真诚，使他在生意场上结识到了更多的合作者，使他人对他有了更多的亲切感。待人如己成就了曾宪梓个人最大的人格魅力，从而使他的生意越做越顺、越做越大。

2. 互换立场，才有双赢

他人为我，我为他人，就是互换立场的做法，也是尊重他人的一种体现。在生意场里，如果一味地执着于一己之利，过于在乎自己的得失，那么往往会让自己陷入困境。因此，我们应该向德国柏林一家百货公司学习。

一天下午，德国柏林一家百货公司的售货员热情接待了一位买唱机的女顾客，并为她挑选了一台没有启封的"西门子"牌唱机。售货员在事后清现商品时发现，原来错将一个空心的唱机货样卖给了那位女顾客。于是，售货员立即向公司警卫做了报告。警卫四处寻找那位女顾客，但是没有找到。

公司经理接到报告后，觉得事关公司信誉，特别是事关顾客利益问题，非同小可，于是马上召集有关人员研究解决办法。当时只知道那位女顾客叫基泰丝，是一位法国记者，还有她留下的一张"法国快递公司"的名片。据此仅有的线索，百货公司连夜开展了大海捞针般的寻找。

百货公司先是打电话，向柏林各大宾馆查询，但毫无结果。后来又打国际长途，向巴黎的"法国快递公司"总部查询，得知基泰丝父母在法国的电话号码。接着，又给法国挂国际长途，找到了基泰丝的父母，进而打听到基泰丝在巴黎的住址和电话号码。为了找基泰丝，这几个人忙了一夜，前前后后总共打了 78 个紧急电话。

第二天一早，公司给基泰丝打了道歉电话。几十分钟后，公司的副经理和提着大皮箱的公关人员，乘着一辆小轿车赶到基泰丝的住处。两人进了客厅，见到基泰丝就深深鞠躬，表示歉意。除了送来一台新的合格的“西门子”唱机外，又加上著名唱片一张、蛋糕一盒和毛巾一套。接着副经理打开记事簿，宣读了怎样通宵达旦查询基泰丝住址及电话号码，及时纠正这一失误的全部记录。

这时，基泰丝深深地被百货公司的行为所感动了，她坦率地说，买这台唱机是准备作为见面礼，送给住在柏林外婆的。回到住所后，她打开唱机试用时发现，唱机没有装机心，根本不能用。当时，她火冒三丈，觉得自己上当受骗了，立即写了一篇题为《笑脸背后的真面目》的批评稿，并准备第二天一早就到公司兴师问罪。但没想到，公司纠正失误如此高效，为了一台唱机，花费了这么多的精力。这些做法，使基泰丝深为敬佩，她撕掉了批评稿，重写了一篇题为《78次紧急电话》的特写稿。

《78次紧急电话》稿件见报后，反响强烈，百货公司因一心为顾客利益着想而名声鹊起，门庭若市。

如果这家百货公司，不站在这位顾客的立场去想，不关心她的利益，认为没有必要这么费事去寻找一位顾客，那么会是什么结果呢？可想而知……

第四节　好的同伴，亦可是好朋友

硅谷创业导师彼得·蒂尔与真格基金创始合伙人徐小平在中央电视台《对话》节目中表示：“‘不要和你最好的朋友做生意’这句话流毒甚广。其实，创业一定要和好朋友在一起做生意，因为朋友间互相了解、互相欣赏，知道彼此的优缺点。当有冲突的时候，比如新东方，我们之间的冲突特别多，但我们之间有基本的友谊、尊重和欣赏。这是创业企业最基本的因素。”

那怎么做到好的同伴和好的朋友，两种属性不矛盾呢？

第一，建立共识，取得彼此信任。

如果一开始大家都不信任彼此，那么合作成功就无从谈起。

第二，建立一套彼此认同的合作约定。

一切按合作的规则办事，不能只凭感情处理问题。这是双方合作最重要的一点，也是合作是否能成功的基础。

比如说：合伙中，明文规定了人事权是我管的，你就算占股再多，也不能干涉。不能说你有一个朋友想进来，你就可以让他进来，一定最终要我同意才行，因为事先大家说好这个最终的决定权是为我所有的。遇到这种情况有些人会心软，觉得大家都是朋友，不是朋友也不会合伙做生意，碍于面子，不好意思，难以拒绝，但这个人其实你是不喜欢的，觉得不适合的，但最终还是同意了。其实这样是错误的。合作做生意，大家不要斤斤计较，但指的是非原则的问题，如果是原则的问题，一定要“斤斤计较”。如果原则问题都可以放弃，那么合作最终会走上失败之路。

第三，保持经常交流和沟通。

这是非常重要的一点，因为这样做一是可以不断加深双方信任；二是多交流，多了解对方，能更好地协调工作；三是可以及时化解双方的矛盾，不让其发展壮大。

第四，双方都要有一颗宽容的心。

有问题先查找问题所在，不能动不动就发火、埋怨。大家都是老板，向对方发火会让你的合伙人觉得很没面子，也伤彼此的感情。所以，一定要留面子给合伙人，否则合作就会出现大问题。

在生活中，学会灵活运用以上几点，好的朋友和好的同伴就是一种潜在的无形资产，更是一种潜在的财富。

在日常的商业活动中，有许多的生意人在好的朋友和好的同伴的帮助和支持下，取得了市场上的成功。

日本著名的索尼公司就有这样一个被传为美谈的故事。创始人井深大与盛田昭夫在长达51年的时间里共同经营索尼。他们从青年时期开始共同创业，一起走过困境，步入辉煌，进入暮年，甚至到失去说话能力时，两个人都始终相互以笑容相对。

这就是生意场上的好同伴。

2010年上海市举办世博会，在世博园的众多展馆中，有一个纯粹由中国的民营企业筹建的展馆——民营企业联合馆。它以“活力四射”“色彩绚烂”为包装形象，成为上海世博园中的一大亮点。

这个主题为“民营企业的创造力和多元文化给城市带来的色彩与活力”的展馆，在2008年初由复星集团董事长郭广昌牵头筹建。

在民企馆奠基仪式上，马云坦言：民企馆筹备时期正逢金融危机，所以对民企馆并没有多大兴趣。但是，郭广昌五约到访，而且以往郭广昌要见他都是打个电话召他到上海，为了民企联合馆的事情，郭广昌亲赴杭州，要展现民营企业这一群体的创新、梦想和未来。于是，马云加入了，周成建也加入了，更多人也来了。

前来力挺郭广昌的都是国内各行业的“龙头”和佼佼者：阿里巴巴、民生银行、美特斯邦威，还有大连万达、苏宁电器、红星美凯龙、易居中国、华谊兄弟、新光控股集团等十六家民营企业。

这就是生意场上的好朋友。

简而言之，在生意场上，好的同伴和好的朋友是生意人的重大资产，是直达成功彼岸的不二法门。

1. 寻找好朋友，成为生意上的好同伴

“他山之石，可以攻玉。”一个真正聪明的生意人，一定会倍加注重别人的力量和智慧。并从心里去重视，发自内心地去尊重别人，这样他们就有可能成为同道者，成为好的同伴。

美国著名的百货公司萨耶·卢贝公司的创始人之一理查德·萨耶，原来只是个做小本买卖的小商人，但他最大的优势就是发现聪明、智慧的人就会主动去接触。

起初，萨耶在明尼达州一条铁路上做运送货物的代理人。这种代理人做长了，就有一个共同的烦恼：有时收货人说货不好，就可以拒

收送到场的货物。若再将货物带回去，反而会倒赔一笔运输费用。后来，萨耶想了一个办法，就是改运送货物为邮寄货物，此举不仅使退货率大大降低了，同时也为买主带来了便利，一举两得。

萨耶通过这种“函购、邮寄”的方式取得了意外的成功，但如果要想获得大量利润的话，就必须扩大生意的规模。可扩大生意的规模，光靠一个人的力量和智慧是不行的，必须找到有生意头脑的同伴。最终，经过五年的挑选，萨耶终于找到了一个叫卢贝克的人，以两人姓氏为名的世界性的大企业“萨耶·卢贝克公司”终于诞生了。自此之后，两人密切合作，公司第一年的营业额就比萨耶独自一人时增加将近10倍，达到40万美元。

但他们还想继续挣更多的利润，想把公司做大做强，那势必就得再找个经营能力强的人来。有一天，萨耶和卢贝克正好经过一家布店，只见店里店外挤满了人，争抢着购买。他们很是好奇，走近一看才知道，布店店门前贴着的大纸上写着：衣料已售完，明日有新货进来。那些挤抢着的女人们，唯恐明天买不到，竟主动提前预定。但店员却说，这种法国衣料原料不多，供应数量不大。萨耶虽然知道这种布料进的不多，但并不是店员说的那样——缺少原料，而是因为销路不好没有继续进口而已。看到店主对女人的心理掌握得如此娴熟，以缺货来吊足追求时髦女人的胃口，萨耶觉得这个店主手法高明，令人折服。于是萨耶和卢贝克进店和店主见面了，但令他们非常意外，原来他就是经常到他们店里贩布的路华德。由于路华德从未有过什么异常的举动，所以没有给萨耶和卢贝克留下特别深的印象，直到这次，他们才发现路华德的目光中有一种说不出来的神采，非常有吸引力。在一番寒暄之后，萨耶便直截了当地对路华德说：“想请你加入到我们的生意当中来。”

当路华德做了萨耶·卢贝克公司总经理之后，为了报这份相识、相知、信任之恩，每天废寝忘食、埋头巧干，为萨耶·卢贝克公司的发展立下了汗马功劳：10 年之中，营业额增加了 600 多倍，公司拥有了 30 万员工，每年的售货款将近 70 亿美元，使公司声名大噪。

因此，在生意场里，善于找朋友，深交朋友，一起开拓事业，一定会多几分必胜的机会。

2. 好的朋友，是生意上的优势力

一个善于结交朋友、善于积累口碑的生意人，不仅会处处受到欢迎，而且遇难时有人帮，办事处处通，做生意时也会有更多一分的把握。

“多个朋友多条路”，这个朋友，是惺惺相惜的好朋友，是彼此赏识的好朋友，是伸出援手的好朋友，是有相同原则、相同志趣的好朋友。好朋友是生意场里的宝源，成为无数生意人成功的切身体验和宝贵心得。

众周所知，在胡雪岩红极一时的阶段，离不开一个好朋友的帮忙，这个人就是王有龄。

与王有龄相识时，胡雪岩正在杭州信和钱庄当出柜员，也就是今天说的业务员。那时的出柜员，也要像今天的业务员一样，四处跑单。胡雪岩在外出跑单时常去一家茶馆喝茶，在这个茶馆里他经常看到一个与自己年龄差不多的年轻人，此人相貌堂堂，但穿着破旧，而且神情漠然，一副怀才不遇的样子。一天，胡雪岩走到他跟前，和他攀谈起来，得知他叫王有龄，是个官宦子弟，但现在家道中落，又屡考不中。为了让王有龄走上仕途，他的父亲想了很多办法。由于当时清政府允许花钱捐官，多捐钱就可以有实权，少捐钱只能有虚权，而

王有龄的父亲只能给他捐了个虚官。因为没有更多的钱补上，所以王有龄觉得前途渺茫，终日为此烦愁。听了王有龄的叙说，胡雪岩觉得虽然和他只是萍水相逢，但对他的困境很是同情，也很想伸出援助之手，可自己的能力有限，只能爱莫能助。但很快机会了，来了一个胡雪岩可以帮王有龄捐上实权官的机会。

一家在信和钱庄借贷了500两银子的饭店的老板死了，剩下老板娘独自支撑，生意可想而知，真是一落千丈。自然而然，这借贷的500两银子很难偿还了。去找饭店老板娘要，老板娘不是说生意不好，没有能力还，就是说她想还，可她也没有办法还。可胡雪岩并不信老板娘说的话，于是，他每次路过那家饭店时就留心观察。时间长了，胡雪岩发现饭店的生意越来越好了，就去找老板娘。经过他的软磨硬泡，老板娘终于把那500两银子还了。

胡雪岩拿到这500两银子之后，想也没想，拿着钱就直接送到王有龄那里了，帮他捐了一个管海运的实权官。由于胡雪岩擅自收款转贷的事被掌柜的发现了，胡雪岩失业了。后来，王有龄得知胡雪岩的境遇之后，开始回报胡雪岩。

在王有龄的大力支持下，胡雪岩的钱庄起步了，也开始发达了。后来，王有龄荣升巡抚，对胡雪岩的事业产生了更大的影响。在接下来的岁月里，胡雪岩和王有龄之间互惠互利，达到了王有龄所说“凡解粮饷，必由胡某汇兑”，胡雪岩所说“素敢任事，不避嫌怨”的程度。

从这个案例中我们看到，胡雪岩从赏识王有龄，然后伸出援手帮助王有龄，到后来让王有龄成为自己生意上的宝源，这就是好朋友的优势力，更是一笔看不见的无形资产。

第二章

生意场上，谋潜在之势

谋潜在之势，就是借助政治大趋势、经济大趋势、消费大趋势和行业大趋势等的力量，就能够“点石成金”“化腐朽为神奇”。

《孙子兵法》讲：“故善战者，求之于势，不责于人，故能择人而任势。任势者，其战人也，如转木石。”战争中因为有势在起作用，于是产生了战局如转圆石之形，决积水于千仞之山之形。对于生意人来讲，在生意场也讲究势。企业就像一盘棋，生意人就像棋手，善弈者，谋势；不善弈者，谋子。

谋势，就是生意人谋潜在之势，从而获得最大的利润。

第一节 借助政治大趋势

在解放天津之后，国民党军傅作义部25万人孤守的北平，已完全陷于绝境。中共中央和中央军委为了保护这座驰名世界的文化古城免遭战争破坏，决定以和平方式解放北平。在90万人民解放军兵临城下的震慑下，在北平地下党的耐心工作和北平许多开明人士的敦促下，国民党华北"剿总"总司令傅作义接受了解放军提出的和平解放北平的条件。国民党华北"剿总"总司令傅作义把握局势，于1949年1月21日，签订了《关于和平解决北平问题的协议》。

1949年1月31日中午12时30分，中国人民解放军第四野战军一部由西直门进入北平城，开始接管北平。至此，历经64天的平津战役以胜利宣告结束，北平和平解放，千年古都回到了人民手中。

假设傅作义不投降，结果将是如何？

因此，大趋势面前，唯有积极面对，才不致被淘汰。

拒绝发展趋势，只有一个结果，那就是被淘汰出局！

1. 洞悉潜在政治风向，为获利而来

中国大陆生意场上，流传着这样一句俗话："要想把握经济局，必

须关注政治局。”还有人说，可以不看《财经报道》，也可以不看《焦点访谈》，但是必须要看《新闻联播》。如果实在没有时间看《新闻联播》，那么必须坚持看《人民日报》，因为其间自有黄金万两、白银上千。

怎么理解这里面的意思呢？

《中国企业史·激荡三十年》一书的作者吴晓波在书中这样写道：“过去30年，中国企业的几乎所有重大机遇都只是政治变革的伴生品。”

前北斗集团老总任志田曾说：“在中国，不懂政治的企业家是不合格的企业家，不懂政治的企业家是很危险的，搞得越大越危险。在做企业的过程中，存在着三大风险：政治、行业、投资决策。而政治风险是第一位的。”

实际上，这些言语无不透露出：在中国体制转型的过程中，任何一名生意人，必须洞悉潜在政治风向，且与政治取得并保持一种协调性的关系，才能持续经营企业，并将企业发展壮大。

20世纪80年代末，中国改革开放刚刚进入一个关键期。1991年的中国，到处弥漫着改革开放是“姓‘社’还是姓‘资’”的硝烟，同时，之前三年多的宏观调控，让过热的经济趋于平稳，各项经济指标大大地降了下来，使得人们在改革上变得畏手畏脚，不敢迈开大步子。

1992年，邓小平南巡，“又是一个春天，有一位老人在中国的南海边写下诗篇，天地间荡起滚滚春潮，征途上扬起浩浩风帆……”。迎声而来，这不但结束了意识形态上的争论，更为中国的经济注入了一剂强心针，一时间，解放思想、加快改革步伐，成为了社会的共识。

从1992年2月开始，仅北京每个月就以2000家的速度递增新的公司，比过去增加了2~3倍。同样，全国其他城市地区也都出现了大办公司的浪潮。

此时，江苏华西村的村委书记吴仁宝通过收看新闻联播，看到邓小平南巡的新闻，他连夜把村里的干部召集起来，四处高息贷款，囤积原材料。他们当时购进的铝锭每吨 6000 多元，三个月后就涨到了每吨 1.8 万元。

这就是深谙中国特色的生意人，这就是谋政治的大势，这就是对政治敏感的收获。

因此，生意人必须深刻理解中国经济的转型特色，高度关注社会政治的风向，把握宏观政策的出台和调整，对政治高度敏感，这是一个生意人的重要素质和潜在的要求，也是获得更多利润的催化剂。

2. 借政治大趋势，才能决胜于生意场

要想取得生意的成功，没有独到的政治敏感，是无法决胜于生意场的。

1978 年 12 月召开的党的十一届三中全会，对于“傻子瓜子”创始人年广九来说是天大的福音，他在潜意识当中认为自己施展才华的时机到了。因为在党的十一届三中全会中，明确了全党的工作重点转移到社会主义现代化建设上来，提出“社员自留地、家庭副业和集市贸易是社会主义经济的必要补充部分，任何人不得乱加干涉”。于是，年广九利用他掌握的 72 个品种瓜子的不同配料，研制出了融南北口味一体的瓜子，准备大干一场。如今，年广九的“傻子瓜子”生意越做越大，仅商标价值已达上亿元。

而顺驰地产给我们带来了另一面的启示。

1997年亚洲发生金融风暴，面对这种情况，中国经济压力巨大，启动内需成为主要战略任务。这时候，作为能够带动巨额消费的房地产业突然受到重视，在此之前，房地产业一直被限制发展。

1998年，国家停止福利分房政策，接着中国人民银行颁布《个人住房贷款管理办法》，取消了以往对个人住房贷款的多种限制。

由此，被压抑多年的住房需求被突然释放出来，中国房地产业开始爆发式成长。

在这一年，孙宏斌领导的顺驰地产把中国房地产业的发展大势看得清清楚楚，多年的压抑需求将持续很多年地爆发，这就是他对中国地产的判断。可以说，这是一个非常智慧的战略趋势判断。此后，中国的房地产业处于爆发式增长阶段，2007年上半年更是创下新高。

在这样高瞻远瞩的战略判断下，顺驰地产开始了疯狂的扩张动作。以高价拿地并以高举、高打的营销模式出击，顺驰2000—2004年，实现了超常规的发展，2003年创下了45亿元的销售额，而当年国内地产老大万科的销售额为63亿元，2004年顺驰实现了92亿元的销售，已经基本上完成了孙宏斌做全国老大的战略意图。

但是，“成也萧何，败也萧何！”对宏观大势了如指掌的孙宏斌，虽然看穿了国内地产消费的大趋势，取得了如此巨大的成功，不过，他却忽略了国家宏观调控的威力，最终失败于此。

2004年，中国经济进入新一轮宏观调控中，银行出现惜贷，疯狂拿地而资金链紧绷的顺驰资金链随之断裂，最终造成公司项目搁置。到2006年，顺驰公司负债30多亿元，孙宏斌被迫出让公司控股权，失去了对顺驰的掌控权。

第二节　把握经济大趋势

在生意场上，生意人必须置身于整个大的经济环境去观察、去思考，从中把握最新、最准确的信息，抓住经济大趋势，然后全力以赴，这样才能赚得巨利，成为大赢家。

1. 善察经济环境大趋势

前面讲到，在中国大陆地区，作为一名生意人必须时时处处把握宏观政策的出台和调整，如果做不到这点，那么将会自食苦果。

2001 年之后，在国家宏观经济持续高速成长的环境下，各种能源全面紧缺，其中钢铁和电力是最紧俏的两大资源。中国全境再掀炼钢狂潮，国内众多民营企业和私人老板也都跃跃欲试，纷纷涌入。

江苏常州的戴国芳也在长江边建起了铁本钢厂。2001 年前后，缺乏大型企业的常州需要大规模的投资来填补当地这一缺憾，于是，当地政府大力支持“铁本”项目的扩建，使铁本从最初的年产 260 万吨提升到 840 万吨，投资也从最初的 10 亿元提升到后来的 106 亿元。

由于中国的钢铁行业是一个半垄断的行业，投资额在 3000 万美元以上的项目就必须报国家发改委审批。铁本投资过 100 亿元，获准的机会非常渺茫。

于是，铁本的840万吨项目被拆分成7个子项目和1个码头项目分别上报，“化整为零”，意图曲线过关。结果就事败于此。

因为戴国芳忽略了中国经济大环境，也忽略了国家对经济大趋势的宏观把控。盲目上马超大型项目，与国家对宏观经济趋势的界定产生了冲突，所以落败了。

在“十一五”规划当中，将中国的经济增长界定为主要是源于消费结构升级，也就是中国的消费结构由衣、食向住、行阶段升级，所以在这种趋势的带动下，中国的产业结构在“十一五”期间发生了巨大的变化。要调整产业结构，使其进一步优化，就要转变经济增长方式。

与国家宏观经济趋势相违背的是，有资料显示，2002年前后，全国的炼钢企业从20世纪80年代的114家突增至260多家，平均规模不足年产70万吨，其中200余家的平均规模还不到年产10万吨，“散、小、乱”的问题非常突出。但是，2002年和2003年全国钢铁业投资分别比上年增长45.9%和96%，投资过热，低水平重复性投资、盲目投资现象严重。这最终导致国家对钢铁、水泥和电解铝三大行业的宏观整治。

“铁本”项目首当其冲，最终“铁本”死去，戴国芳入狱。“铁本”最终喝下了逆经济趋势而动的苦酒。

2. 把握经济发展趋势，与市场起舞

新世纪前十年，老百姓购房、购车等需求爆炸式增长，带动了钢铁、水泥等几十个产业迅猛发展。这个周期逐渐结束后，相关产业出现产能过剩的情况。这既是发展成就的体现，也对未来发展提出新的要求。这也意味着中国经济正在向形态更高级、分工更复杂、结构更合理的阶段演化，

这也是当下经济新常态的写照。那么作为生意人如何在经济历经几十年高速度、高强度发展之后，在新常态下与市场起舞，获得利润呢？我们来看看香港首富李嘉诚是如何做到的。

李嘉诚靠塑料花起家，而后审时度势转向房地产，逐步走向了多元化发展的道路。每一次跃进，李嘉诚都是跟随市场趋势做出的决策。可以说，没有对市场的深刻理解，对商业发展趋势的准确把握；没有对最新、最准确资料的掌握，正确决策的做出，并全力以赴地完成，就不会有李嘉诚今天庞大的商业帝国。

即使到了2008年，全球金融危机爆发的那一刻，李嘉诚也没有忘记把握好趋势。美国金融海啸把全球经济推进寒冬，善于审时度势的李嘉诚，对他的旗舰公司和记黄埔，作出暂时叫停全球业务的新投资的决定。按照规划，2009年年中之前，和记黄埔有限公司所有未落实或未作承担的开支都会省下来，并检讨全部现有投资项目。

2013—2014年上半年，李嘉诚撤离中国楼市。当时的地产界人士都在批评李嘉诚。现在我们再看看，大家不得不佩服李嘉诚的精明和洞察力，他走之后，中国的房地产业步入调整期，而他在大陆房地产泡沫最顶峰时退出内地市场，堪称睿智之举。

2015年1月，李嘉诚私有化自己的上市公司，大举进军欧洲，特别是英国市场，将英国很多公共事业领域的资产纳入囊中，实际上是趁欧债危机，抄了一把欧洲资产的大底。

从商70多年的李嘉诚，在令人眼花缭乱的商业大战中屡屡获胜，并曾长期占据华人首富之位，这主要得益于他对经济大趋势的把握能力，在华人世界无人能及。

第三节　借助文化趋势的力量

当今世界是一个文化主导的世界，身处其中的生意人要学会用战略的眼光来审视文化。一个中国企业必须了解中国的文化特质，了解自己正在从事的行业（产业）发展所必需的文化特质，并为自己所用。

1. 关注社会文化思潮，趁势而动

20世纪90年代，中国人在开放的年代发愤图强，不仅想从世界进步的喧嚣中寻求激励，而且希望从民族的情感中获得源泉。伴随这种社会的潮流，国内刮起了“民族品牌”和“爱国主义”思潮的旋风。而这就是一种社会文化发展的态势。

在联想第10万台电脑即将下线时，联想集团充分地借用了当年的文化思潮，为品牌的迅速崛起注入了强劲的动力。

首先，联想为这第10万台电脑做了一个广告：“用户是联想的上帝，联想向上帝请教，第10万台电脑去往何处?”结果公司14天里收到2万多个电话，人们表达的想法见仁见智，但是里面的情绪是共同的，那就是义无反顾地集合在联想的“民族品牌大旗”之下。

“中国质量万里行”组委会主任艾丰说，联想从事的是一项争气争光的事业；媒体开始总结“联想精神”；《北京青年报》甚至号召大家起来“保卫联想”……

随后，联想将这第10万台电脑赠送给了著名数学家陈景润，紧接着又展开了“联想电脑快车中国行”的巡展活动。

这一系列的活动，正是借用了爱国主义的文化思潮，所以顺风顺水，全民参与，为联想打开家用电脑的局面立下了汗马功劳。

2. 借文化趋势之力，实现企业梦

借文化趋势的力量，实现企业宣传的目的。近些年有很多案例涌现出来，最为经典的要数蒙牛牛奶的“中国航天员专用牛奶”和“蒙牛酸酸乳赞助超级女声”了。蒙牛集团在这两次大型公关活动中，借用了“爱国主义”和“平民文化”这两种流行文化趋势，为蒙牛最终成为奶业霸主奠定了基础。我们回过头来具体分析一下：

先看蒙牛牛奶的“中国航天员专用牛奶”：

2003年是一个多事之秋，伊拉克战争、“非典”、“神舟五号”，热点事件纷纷上演。而这些热点背后都潜藏着人们心理的一种需求认同，当这种需求认同形成共识后，就形成了一种文化思潮。例如，当中国“第一宇航员”杨利伟返回地球，中国人的“飞天梦想”终于实现时，这种文化思潮转化为了文化趋势。2003年10月16日，神舟飞船成功返航后，一夜之间“为中国喝彩”的户外广告被贴遍了北京的大街小巷。与此同时，蒙牛的航天版新广告片、报纸广告开始频频亮相，向世人宣扬蒙牛是“中国航天员专用牛奶”，使蒙牛牛奶在终端走货上的销量立即攀升。

接下来再看：

蒙牛是站在传统产业的基础上的，特别是草原农牧这样一个极为传统的产业。中国是农业大国，真正让更多的农业人口、处于传统产业末端的人群受惠，让他们的产品、基地更新和升级，是非常有必要的。而这种更新和升级，仅依靠传统力量是不够的，更需要依靠文化产业运作，特别是融入创意产业的宣传经营。

现在世界正处在一个政治、文化、经济大转型的时代，实际上整个经济文化的大棋局已经发生了重大的改变，随之游戏规则也发生了改变。目前发达国家已经进入一个非物质化生产时代，世界超一流的企业都是文化经营型企业，文化产业的价值远远超过了其实体经济。而在中国，还有另一个趋势，就是从精英文化转向大众娱乐文化，这就是我们时代的特征。恰好，蒙牛酸酸乳利用这个精英文化转向大众娱乐文化的趋势，从而实现了企业的提升和利润的成倍级的增长。

与蒙牛酸酸乳利用这个精英文化转向大众娱乐文化的趋势不同的是，中国凉茶加多宝则是利用中国传统养生文化，这对于一直重视养生的中国人来说，是非常有切入点的。

"怕上火，就喝加多宝"。大街小巷、写字楼，凡是有人的地方都知道。在 2015 年 4 月 8 日的媒体沟通会上，正如加多宝品牌发言人王月贵所说：当前中国经济正步入发展新常态，"中国梦"已然成为领航经济新常态的指路灯。随着"一带一路""企业走出去"等重大战略的加快实施，政府将大力培养企业的国际眼光和国际竞争能力，助力民族品牌进军国际市场。加多宝作为凉茶领导者，积极响应政府的号召，矢志将凉茶文化这一岭南文化瑰宝、中国传统养生文化推广到全世界，将加多宝打造成世界级饮料品牌，让加多宝成为世界认识中国的符号和新名片，从而实现“凉茶中国梦”。

第四节　借助消费趋势的力量

“618 购物节”是电商根据我国的网络消费模式从模仿型、排浪式消费，向个性化、多样化消费模式转变而提出来的营销方式。这种营销方式为各家电商提供了无限广阔的“蓝海”。创新的增值服务、全新的购物体验将成为拉动网络消费的“新引擎”，也将引导新一轮消费大趋势。

1. 生意人如何洞察消费趋势

首先，我们了解一下什么是消费趋势。

消费趋势指的是顾客消费心理和消费行为模式的变化趋势。比如超市和卖场等现代零售业态的迅速发展，使消费者的消费行为模式发生了很大的变化。以前买东西是在批发市场、批发点和百货商场，而现在买东西大多数都是在超市和卖场。因此，一份加强批发通路建设的营销计划，只能是用于传统业态为主的市场，而在发达城市，就只能调整这份营销计划，使之适应当地零售业态发展的现状。

消费趋势还包括利用符号的力量，即“品牌符号化”。在一个广告信息泛滥的时代，最快提升品牌知名度的方法就是简化认知，品牌符号化最大的贡献就是能帮助消费者简化他们对品牌的判断。所以，品牌符号化对于企业而言是最节省沟通成本的做法。比如：消费者看到牛仔就会想到万宝路，看到“V”就会想到大红鹰。

那么生意人如何洞察消费趋势呢？

（1）大众生活观察。

很多时候，我们的判断来自于我们的观察，通过观察可以捕捉到精彩的信息。当我们不了解一个消费者到底在想什么的时候，观察是获得信息最基础的手段。比如我们可以选择和普通消费者共同度过生活中的一天，来看他们是如何生活的，通过这个过程就能找到很多有用的信息。

（2）消费者的记录。

当我们很难去形成对一个消费群体的判断的时候，让消费者用最自然的方式参与到生活方式的研究中来，比如让他们去记日记、拍摄一些自己喜欢的数码照片，也可以让研究人员去和消费者一起举办一些群体活动，与消费者进行座谈等方式，都可以发现一个人群的真实的生活表现，而这些是形成新产品概念的源泉。

（3）消费者的语言。

一个产品之所以能够受到某个群体的追捧，原因在于这个产品传递的语言是这个群体所认可的语言，比如动感地带传递的“我的地盘听我的”就是现在很多年轻人自己的语言，所以很容易建立沟通的平台。搜集和分析这些语言，了解消费者在一些特定的情境中使用的语言，可以帮助产品的创意和概念寻找到能够具象的元素。这些研究通过对网上的论坛、贴吧、各种博客等网络社群中流行语言的内容结构进行分析，从而获得结果，比如你要设计一款电脑给追星族，你只要去他们建立的各种各样的追星论坛上看看就可以找到这些人的鲜活语言。

（4）了解社会趋势。

社会趋势往往影响着人们消费生活的变迁，而全球社会趋势的融合对于形成产品概念也意义重大，因为这些趋势中往往可以看到很多未来的新概念和新方向。同时社会趋势带来的潜在消费需求，对于产品研发是很有价值的信息。生意人要了解社会趋势，就要培养对这类信息的高敏感度，这可以通过全球众多研究机构对于目标群体的消费趋势的报告等来了解。

（5）产品所处市场。

很多企业虽然做了很多年，但是对于自己产品在消费潮流中所处的位置却不是非常清楚，这就导致新产品到底应该切中哪个细分市场，在产品的创意和概念上做什么样的创新等问题，很难形成正确判断。按照时尚和消费的趋势来了解自己的产品所处的市场位置，对于企业的产品研发必不可少。

（6）产品关联市场。

产品概念的流行趋势与相关行业的流行趋势的变动方向是一致的，而且产品流行概念的变动也遵循整个流行概念的变动规律。因此，在研究一个产品概念的流行趋势时，我们也要了解相关产品的流行趋势，比如服装的变换对于很多产品的外观都有影响，手表与汽车的仪表的流行趋势之间也存在关联，装修的风格和建筑的风格也有着高度的关联，关注这些趋势的关联，可以获得与众不同的新概念。

2. 借消费大趋势，赚个盆满钵满

正如古人所云：“善假于物”，这个“物”就是消费大趋势。消费大趋势有行业性的、有文化的、有传统资源的也有社会热点类的，等等，可以说是“一年一个热点，年年有看点”。那么，如何借消费大趋势赚个满载而归呢？

1956 年，宝洁公司开发部主任维克·米尔斯在照看其出生不久的孙子时，深切感受到一篮篮脏尿布给家庭主妇带来的烦恼。洗尿布的

责任给了他灵感。于是，米尔斯就让手下几个最有才华的人研究开发一次性尿布。

当时，一次性尿布的想法并不新鲜，美国市场上也已经有好几种牌子了。但市场调研显示：多年来这种尿布只占美国市场消费比重的1%，原因首先是价格太高；其次是父母们认为这种尿布不好用，只适合在旅行或不便于正常换尿布时使用。调研结果：一次性尿布的市场潜力巨大。当时的美国和世界上许多国家一样，正处于战后婴儿出生高峰期。将婴儿数量乘以每日平均需换尿布次数，可以得出一个大得惊人的潜在销量。于是，宝洁公司产品开发人员用了一年的时间，最初样品是在塑料裤衩里装上一块打了褶的吸水垫子。但在1958年夏天现场试验中，除了父母们的否定意见和婴儿身上的痱子以外，没有取得什么收获。

1959年3月，宝洁公司重新设计了一次性尿布，并在实验室生产了37000个货样拿到纽约州去做现场试验。这一次，有2/3的试用者认为该产品胜过布尿布。但是，降低成本和提高新产品质量，比产品本身的开发难度更大。

时间来到1961年12月，这个项目进入了能通过验收的生产工序和产品试销阶段。

公司选择地处美国最中部的城市皮奥里亚试销这个后来被定名为“娇娃”（Pampers）的产品。通过试销公司发现，皮奥里亚的妈妈们喜欢用“娇娃”，但不喜欢10美分一片尿布的价格。在6个地方进行的试销进一步表明，定价为6美分一片，就能使这类新产品畅销。随后宝洁公司把生产能力提高到使公司能以该价格在全国销售“娇娃”尿布的水平。

“娇娃”尿布终于成功推出，直至今天仍然是宝洁公司的拳头产品之一。

第五节　借助行业趋势的力量

在当前的现实环境中，从事企业经营的生意人，面对越来越激烈的竞争，需要把对行业发展阶段和发展趋势的把握，渗透到每一个企业每一天的经营活动中去。如何把握行业进入普及的时间拐点问题，如何把握行业的成熟阶段的问题等，都决定着企业运用何种战略决策和战术。因此，从事企业经营的生意人只有准确把握行业大趋势，才可能先对手而动，取得持续领先地位。如果企业生意人仅仅把眼光局限在企业本身的“一亩三分地”上，不抬头看天，不举目扫视整个行业的发展趋势，这样的企业是短视的，也注定是走不长远的。

“大哥大”的退出，诺基亚的破产，为什么？因为他们没把握住行业大趋势，所以被淘汰出局了。而苹果手机迅速崛起，是因为它把握住了行业大趋势，并引领这个行业的大发展。

1. 抓住行业爆发性增长的机遇

只要仔细观察，就会发现中国市场还很有潜力，因为这个市场上还存在很多爆发性增长的行业。而且每过几年就会涌现出一批这样的行业来，甚至几乎年年都会出现这样的行业。我们以曾经在国内风光无限的托普集团为例，来一窥其中的奥妙。

1992 年，拥有副教授职称的宋如华辞职下海经商，成立了托普电子科技发展公司。

公司成立前两年，宋如华并没有找到发展的机遇，只好到处拉业务，可辛辛苦苦一年下来，挣的钱很少。但一个偶然的契机，使托普挖到了人生的第一桶金。

1994 年，成都金牛区税务局找托普买几台电脑，在交谈过程中，当局长得知宋如华是电子科技大学的教授时，便问了一句：“你们能开发自动打印发票的计算机软件吗?”

由于当时正值经商热潮之际，税务系统整天为日日猛增的计税事务忙得焦头烂额。国家税务总局也专门下过文件，要求：“在二十世纪末，全国各税务局、所均要实现申报、登记、开票、会计的计算机化。”然而，国内几乎没有一家计算机公司有成熟的自动打印发票的产品。

正所谓说者无意，听者有心，就是这么一问，给从来没有接触过软件业务的宋如华送来了一个大馅饼，他当即答应下来，并签下了这个合同。

很快，宋如华回母校招进 3 个大学生，3 个月后，托普计算机自动计税系统诞生了，输入纳税人信息后，计算机能自动打印出发票。

宋如华发现自己找到了一个金矿。他计算了一下，全国大小税务局有 4 万多个，每个局、所投入 10 万元，就是几十亿元的大市场。

随后，宋如华开始了跑马圈地的工作，很快就实现了 4000 万元的销售收入，完成了初步的原始积累，挖到了人生的第一桶金。

2. 把握行业普及的拐点

在市场里，任何一个行业都不会始终处于爆发式增长期。一般而言，是按这样的发展轨迹运行的：当一个行业爆发式增长之后，往往会迎来短暂的平稳期；平稳期过后，行业成熟，消费者开始普及化，然后就是行业普及拐点的到来。因此，率先准确判断出行业普及拐点到来的时间，并率先展开行动的企业，往往可以成为该行业的领先者。

1995年，爱多企业投入VCD市场，当年实现销售额2000万元。

1996年，随着爱多的崛起，国内在一夜之间就冒出了上百家VCD制造工厂，纷纷攘攘地前来分一杯羹。爱多判断行业已经进入普及阶段，行业拐点开始出现，于是发起“降价行动”，率先迎接拐点的到来。

同年12月，爱多宣布大降价，将VCD的价格首次拉下2000元大关，定价为1997元。第二年春节前后，爱多实施第二次“降价突袭”，将价格普遍拉下400~500元，最便宜的机型只要1280元。让那些还没有从1997元降价风暴中缓过神来的同行瞠目结舌。

最终，在这个被称为“阳光行动A计划”的降价狂潮中，爱多彻底把业界的暴利防线击溃了。

由此爱多的市场份额迅速上升，销售额从2亿元达到了16亿元，首度超过万利达成为行业第二，知名度更是跃居第一，成为行业领袖。

3. 准确把握行业的发展阶段

任何一个行业的发展，一般都会经历三个阶段，即初级阶段、发展阶段和成熟阶段。每个阶段的市场成熟度是完全不同的，因而，这也决定了每个阶段所制定的战略与战术会有所不同。

用成熟的市场运作手法去操作初级市场，那是“大炮打蚊子——吃力还不一定讨好”；用初级市场的运作手法去操作成熟市场，那是“隔靴搔痒——一点反应都没有”。

总之，经营企业的生意人，必须抱着到什么“山”唱什么“歌”的想法，否则市场将用结果来告诉你，你的做法无法应对当前的形势。

第六节　抓住产品大趋势

互联网时代给我们的需求带来了巨大变化，各个行业和领域都开始融合。原来，我们说微软代表着软件产品大趋势，索尼代表着消费电子产品趋势，诺基亚代表着通信产品大趋势，后起之秀谷歌代表着互联网产品大趋势。但是苹果公司成功地把这些东西全部融为一炉，花了十年的时间打造出各类产品，应该说是把这四类公司的优势进行了完美、无缝的对接。所以，它打造出来的产品具有革命性的冲击力，而这样的冲击力，不但颠覆了索尼、诺基亚，使得他们成为过去十年最失败的企业，同时也从根本上动摇了微软、谷歌。这就是高一层次产品的魅力所在。

因此，对于中国的生意人来说，应抓住产品大趋势来不断发展自己，从而实现企业的高速发展。

1. 认识产品大趋势

通常，每个产品问世，都必须经历三个时期，才能成为产品大趋势。

第一个时期是特权时期。手机、彩电等很多产品最初都是特权时期的产物，在市场上并不流通，到后来慢慢过渡到高消费人群可以消费得起了。但此时还不是产品大趋势的产生，因为有太多的人还是消费不起的。

第二个时期是时尚时期。产品价格便宜了一点，但是利润空间小了很多，同时受众面还是很窄。这时候也没有产品趋势，因为领先一步叫先进，领先三步就是先烈了。

第三个时期是大众时期。消费大环境来临，利润很低，竞争很激烈，受众面很广。微利时代竞争的场面是让人望而却步的，那么什么时候介入经营是合理的呢？其实很简单，这就是产品的势，选择时尚时期末期和大众时期前期这个时间段介入的商家，才有可能是真正的赢家。

2. 透视产品大趋势的魔力

我们来看中国市场上曾经产生的产品大趋势是什么？

（1）在直销行业中的产品大趋势。

是什么让直销公司获得如此大的成功？1990—1991 年，大量武打片的播放，让很多年轻人对武功高强的侠士非常钦佩，因此在中国大陆掀起了一股武功热。很多人开始对武功中所涉及的磁场有了一种认识，如地球是大磁场，人体是小磁场，大小磁场的相结合，就会对身体有好处，等等。这时候有两家公司走进了人们的视线：一家叫日宝来福，另一家叫 505 神功元气袋，迅速的在中国走红，因为它们所生产的是与磁相关的产品。老百姓接受得很快，因为这两家公司倡导的理念就是磁场论。公司老总对产品的陈述到现在我们都记得很清楚，而且现在很多公司的直销说辞还在沿用。虽然磁产品的功能后被广而诟病，但是不管怎么说，当时这两家公司确实成功了。

1994—1995 年，中国大地兴起了气功热，什么香功、八宝功等都迅速的扩展开来，老百姓明白了一个道理，气功讲究大小周天，气血循环。这段时间，所有和气血循环有关的产品都红了，并且红得发紫，最典型的是爽安康、康富得摇摆机，还有气血循环机。特别是爽安康，一年的营业额达到 103 亿元，是所有生意人始料不及的。

（2）中医草药行业的产品大趋势。

1996—1997 年，美国、日本、韩国、中国台湾等，在中药产品的全球营业额远比我们中国要高，甚至是好得多。作为中医的鼻祖，我国在这方面的确是有待增强。所以发扬中医文化，成为了主流，连普通的老百姓都知道“振兴中医，药食同源”的理念了，继而我们看到，在传统中药保健品领域，三株口服液、太太口服液、太阳神口服液做大了。

（3）在营养品行业中的产品大趋势。

2000—2001 年，中国的科学家经调查发现，我们和一海相隔的日本民众的身高差距越来越大；还有老年人的骨质疏松症，这都和补钙有着极大的关系。当时流行着这么一句话：“一杯牛奶崛起一个民族”，号召全民补钙。当老百姓开始认知钙产品的时候，又产生产品趋势了，我们看到伊利做大了，蒙牛做大了，哈药六厂钙中钙也做大了；天狮做大了，中兴广润也做大了。

2003 年，非典来了，要想不得非典就必须提高免疫力，提高免疫力就必须大量补充维生素，它带动了安利、新时代、宝健等一批卖维生素相关产品的公司的成功，安利一年的营业额达到 170 多亿元。还有随后而来的禽流感，带动了蜂胶趋势，上海伊美仅用短短的 9 个月时间就成为了中国最大的传销公司，就因为它卖的产品里有一款是蜂胶。还有大豆异黄酮趋势，它带动了先锋国际、大连富饶的成功。菌多糖趋势带动了安惠、美罗、申旗的成功。还有葡萄籽趋势，胡萝卜素趋势，等等，都带动了若干公司的成功。

是什么使这些公司获得了成功？不单单是产品让他们赚到钱了，是老百姓对产品的认知所产生的产品趋势给公司带了极大的利润。带动产品成功的，是产品大趋势。

因此，只有消费者认同的产品趋势，才会蕴藏巨大的财富，才是真正使生意人获得成功的最大的根源。

第三章

生意场上，借反向思维，成功投资

历史上被传为佳话的司马光砸缸救落水儿童的故事，就是一个反向思维的例子。它告诉我们，如果不能通过常规的手段解决问题时，就必须转换为另一手段，进而顺利地解决问题。这就是优秀生意人所必须具备的解决问题的思维能力，从而有效地进行投资。

第一节　优秀生意人的反向思维

人们常说："大家想不到，你想到了，就成功了。"而在实践中，想要解决问题，往往不只有一个答案、一个途径和一个解法，可以说"条条大路通罗马"。所以，在生意场上，不可拘泥于已有的条条框框和过去的做法，打破常规，反向思考，从所想要解决问题的另一面着手，也许可以获得意外的成功。

1. 生意人的反向思维

大家都知道股神巴菲特，他有一句名言："在众人贪婪时恐惧，在众人恐惧时贪婪。"这句话该怎么理解？从文字上理解就是：当市场疯狂时要恐慌，当市场悲观时要贪婪。股市里需要反向思维。

由此可见，拥有与绝大多数人不同的思维是多么的重要。而这种与绝大多数不同的思维就是反向思维。

那么，反向思维到底怎么理解呢？比如：传统的汽车材料都是金属的，能否用非金属材料制造汽车呢？于是有人发明了全塑汽车；电烙铁的电热丝都是放在烙铁芯外面的，称外热式电烙铁，根据反向思维有人发明了内热式电烙铁，将电热丝放在了烙铁芯里面；一般拆毁旧建筑物都采用炸药爆破，速度很快，但噪声、灰尘及震动会造成扰民并伴随有一定的危险，反向思维一下，慢速爆破是否可行呢？于是有人发明了静态爆破剂，将其加水搅拌后封入钻孔，爆破剂与水起化学反应产生巨大的膨胀力，将物体破碎，且具有无噪声、无灰尘、无震动等优点……

在小学大家都学过“司马光砸缸”的故事。小孩落水会淹死，要救出落入水缸的小孩，常规的方法是把人拉出水面。把一个小孩拉出水缸，对大人来说轻而易举，但对还是少年的司马光来说，却不是一件容易的事，弄不好自己还有可能被对方拉下水。司马光考虑的不是常人想的“人离水能活”这一条方法，而是反过来“水离人，人也能活”这种思维方法，砸破水缸救出同伴，这就是一种反向思维。

在日常生活中圆珠笔漏油是一个难以解决的难题，人们认为是由于钢珠的磨损造成的，因而许多科学家、工程师、发明家都在强化钢珠硬度、耐磨性上花费极大的精力，但在材料上还是难以突破。难道除了提高钢珠硬度、耐磨性之外就没有别的办法了吗？一位日本人给出了一个与常人不同的思路的答案：钢珠磨损后笔要漏油，但如果钢珠磨损后笔管里已没有油可漏了，这个问题不就迎刃而解了吗？于是，他买来大量圆珠笔，反复使用，统计出常用圆珠笔写了多少字、用了多少油开始漏的规律，采用在管中定量灌油的方式解决了圆珠笔的漏油问题。不从常人强化钢珠的方向思考，而是从用油量上动脑筋，使得难题得以解决，这也是一种反向思维。

总之，反向思维就是指突破常规考虑问题的固定思维模式，采用与一般习惯相反的方向进行思考分析的思维方式。通俗地讲，就是倒过来想问题，也就是逆向思维、非大众思维、非常规思维，也可以说是财富思维。

由此，我们可知，作为优秀的生意人拥有反向思维是何等的重要。因为这种思维方式能让常规思维难以解决的问题轻松破解。能使你独辟蹊径，在别人没有注意到的地方有所发现，有所建树，从而制胜于出人意料。能使你在多种解决问题的方法中获得最佳方法和途径。能将复杂问题简单化，从而使办事效率和投资效果成倍提高。

2. 优秀生意人的反向思维的特点

（1）有目的性。

作为一名优秀的生意人，赚钱肯定不是唯一的目的，但做生意的首要目标一定是赚钱，只有赚了钱，才能更好地实现其他的目的。因此，优秀的生意人首先要有坚定的目标，也就是要有目的性。当确定了目标之后，就有了动力。要想成为一个成功的生意人，就不要低估自己的能力，如果你想让某件事发生，就要做到这一点，要坚信这件事一定会发生。千万不要低估自己的脑海中出现的那些偶然的想法，它们也许会给我们带来满意的答案。

在日本的本州岛库罗萨基市，有一幢世界奇屋帕彭——倒悬之屋。它的发明者是一家汽车旅馆的老板，叫大石。原先，他在该市有一座日本最大的人种学博物馆，驰名世界。可是，由于本州岛气候不佳，地震时有发生，前来观光旅游的人并不是很多，大石的生意很难做，面临破产。无可奈何之下，大石去请一位心理学家出主意。心理学家受比萨斜塔的启示，提议最好盖一座岌岌可危的倒悬房屋，这样既能够提醒人们时刻预防地震，又能够满足旅游者寻求刺激的心理。

最后，大石采纳了心理学家的建议，设计出倒悬之屋，结果前去一睹为快的观光旅客络绎不绝，生意日趋兴隆，帕彭也因此举世闻名。

20世纪60年代中期，当时在福特一个分公司任副总经理的艾柯卡正在寻求方法，试图改善公司业绩。他认定，达到该目的的灵丹妙药在于推出一款设计大胆、能引起大众广泛兴趣的新型小汽车。在确定了最终决定成败的人就是顾客之后，他便开始绘制战略蓝图。以下是艾柯卡如何从顾客着手，反向推回到设计一种新车的步骤：当时顾客买车的唯一途径是试车。要让潜在顾客试车，就必须把车放进汽车交易商的展室中。吸引交易商的办法是对新车进行大规模、富有吸引力的商业推广，使交易商本人对新车型热情高涨。说得实际点，他必须在营销活动开始前做好小汽车，送进交易商的展车室。为达到这一目的，他需要得到公司市场营销和生产部门百分之百的支持。同时，他也意识到生产汽车模型所需的厂商、人力、设备及原材料都得由公司的高级行政人员来决定。艾柯卡一个不漏地确定了为达到目标必须征求同意的人员名单后，就将整个过程倒过来，从头向前推进。几个月后，艾柯卡的新型车野马从流水线上生产出来了，并在60年代风行一时。它的成功也使艾柯卡在福特公司一跃成为整个小汽车和卡车集团的副总裁。

（2）思维开放。

在全球范围有这样一个群体，他们被称为世界上唯一可以和犹太商人比肩的群体、世界上财富积累速度最快的群体、世界上最能创业赚钱的群体、世界上最懂得积累人脉的群体、世界上最敢冒险并把苦难当财富的群体，这个群体就是——温州商人。那为什么温州商人能够比肩犹太商人呢？

关键就在于：温州人起初经商的时候，思维灵活，开放性思考，向需要创新突破和创新想法的整个世界开放自己。且他们愿意花时间去探索、沉思、反省，致力于开发对现实的新的理解。就这样慢慢地，尽最大努力做好，提高自己的产品，成为行业的领导者。

（3）超越思维。

超越思维是指对事物的思考具有更多的可预见性，通俗地讲就是你想到了，别人还没有想到。它只有在人的智力与思想的全部认知技能相结合时，才能发挥最大效用。

很多商人在拥有了一番事业后，就进入了一个瓶颈期，无法继续发展。其实，这个时候就需要使用“超越思维”。

曾有哲人说：“优秀的人其实与普通的人没有太大的差别，只是关键的时候比别人想了一点，思考比别人深入了一点。超越思维并不是天生的，它是与生活中的养成有直接的关系。通过调查，我们发现超越思维让很多商人迎来了事业上的第二个春天。”

生意人使用超越思维，可以获得很多好处：

> 例如，当我们热衷于使用燃油作为汽车燃料时，具有超越思维的人感到了危机，开始了新能源或替代能源的研究与开发；当我们认为实体的货物贸易最可靠时，具有超越思维的人感觉到了这种方式的重大缺陷，开发并创立了电子商务的交易平台；当我们还在以同学、同事、同行为交友主体时，具有超越思维的人开发出了像 QQ 这样具有更广大空间的交友平台……超越思维的例子太多了，所以，我们要想成功就要有打破常规的思维方式，培养自己的超越思维。经过统计发现，具有超越思维的商人乐于接受新生事物，勤于思考，在学习中思考，在思考中提高。而学习的方式很多，如上网、看新闻、听广播，等等。

第二节　反向思维，看到更多商机

商机可以说无处不在、无时不有。如果生意人充分利用反向思维之中的策略，将创造出非常好的商机。

1. 把握趋势，反其道而行之

战国时期，鲁国有一个做鞋帽生意的人，非常擅长编织麻鞋，他的妻子也是织绸缎的能手，他们准备一起到越国做生意。有人劝告他说："你不要去，不然会失败的。你善编鞋，而越人习惯于赤足走路；你妻子善织绸缎，那是用来做帽子的，可越人习惯于披头散发，从不戴帽子。你们擅长的技术，在越国却派不上用场，能不失败吗?"可鲁人并没有改变初衷，几年后，他不但没有失败，反而成了有名的大富翁。

一般来说，做鞋帽生意，应该去有鞋帽需求的地区，但鲁人则打破了这种习惯性的思维方式，认为就是因为越人不穿鞋、不戴帽，那里才有着广阔的市场前景和巨大的销售潜力，只要改变了越人的粗陋习惯，越国就会变成一个巨大的鞋帽市场。鲁人成功的秘密就在这里，反向思维帮了他的大忙。

一家烟草公司生产了一种“环球牌”的香烟，准备打入某海湾地区旅游区。由于这个地区的香烟市场早已有了不少名牌香烟，想打入这个市场的难度可想而知，但这家公司却成功了。

原来，这家公司请人制作了许多大型标语牌，竖立在一些不准抽烟的公共场合，标语牌上醒目地写着：此地严禁吸烟，连环球牌也不行。这些标语激发了游客们的好奇心，就这样，环球牌香烟很快打开了这个地区的市场。

同样，柯达公司在开发新产品“傻瓜相机”时，也是超越常规，和当时的其他相机经营、研制人员反其道而行之，从而大获成功。

当照相机的功能越来越多，让普通人使用起来感到越来越烦琐时，柯达公司反常而思，结果创新出适合多数人使用的全自动相机。“傻瓜相机”使柯达公司发了大财，原因就在于其“反常而行”。相机的功能开始并不复杂，可在人们不断创新中性能越来越好，操作使用也显得越来越烦琐，这对于专业摄影者来说当然无所谓，但对普通人来说就不同了。因此，当其他公司还在考虑如何让照相机更加精密时，柯达公司却让相机的使用操作简单得不能再简单——只需轻轻一按便可完成照相过程，就连“傻瓜”也可操作，这便获得了革命性的创新成果。

由此可见，在生意场上，反其道而行之，也许能使企业有投资成功的机会，甚至能使企业大挣一笔。

2. 立足本质，缺点反用

在日常生活中，一些平凡小事、平常现象都有点石成金的效果。例如产品的小毛病，只要我们来个缺点反用，背后往往蕴藏着商机。

某年，天津毛纺厂生产的一种呢料，因原料成分的不同，着色不一，常常出现白点，销路始终难以打开。

后来，设计人员灵机一动，来了个缺点反用，一反常态，变消灭白点为扩大白点，制作出了一种雪花呢新产品。投放市场后，掀起了一股不小的销售旋风，厂方赚了个盆满钵满。

追求完美是人的天性，人们往往习惯性地只开发事物的优点而忽视它们的缺点，这就为全面认识事物、准确把握事物发展的本质规律带来了障碍，在一定程度上影响了创造性活动。但如果反其道而行之，缺点反用，在生意场往往能化腐朽为神奇。

一次，德国某造纸厂的一位技师由于疏忽大意，忘记往纸浆中加胶，结果生产出了大批不能书写的“废纸”。正当他焦虑不安，不知如何办才好，等待被老板解雇时，一位朋友建议他考虑一下这样的纸有没有其他用途。于是，这位技师对这批纸反复琢磨，认真研究，最后发现纸的吸水性极强，溅在这种纸上的墨水很容易被吸掉。他们便将这种纸作为一种专供书写时吸干墨水用的“吸墨水纸”出售，竟然出乎意料地深受人们的欢迎。后来，这位技师还申请了专利。

由于这位技师在纸浆中忘加胶，做出来的纸如果用来写字，一划一个墨团，不会有任何使用价值；同样，质量上乘的纸如果用来吸墨水则成了“次品”。技师在朋友的指点下，转变价值观念，结果取得了成功。

众所周知，近几十年来，日本经济持续低迷，但据东京电视台近期报道，日本企业运用反向思考方式，针对以往被忽略的市场开发新商品，调动人们的购买欲。

每到夏季，日本的面包销售量就会下降，因为面包是不能冷冻的，夏天容易变质。在反向思考方式的影响下，日本有面包企业开发出一种可以冷冻的面包，有效地缓解了市场销售额的下滑。据报道，这种冷冻面包比普通面包松软，即使冷冻也能保持柔软的口感，再配上类似冰激凌的各种馅儿，在炎热的夏季确实不失为一种受欢迎的食品。

日本内衣公司华歌尔通过反向思考发现，目前该公司开发的胸罩都是针对胸部较小女性，生产如何让胸部看上去变大的胸罩，但一直忽略了胸部过大女性的需求。经过调查发现，很多胸部较大的女性希望戴上胸罩后让胸部看上去小一些。于是该公司推出让胸部看起来变小的胸罩，至今已售出5.5万个，其间还出现过供不应求的情形。

鹿儿岛地区因为人口减少，普通超市的销量一直上不去。在这种情况下，一般超市会选择关闭人口稀少地区的店铺，尽可能到闹市区开店。但一家超市的老板受反向思考战略启发，看准郊区地价便宜等因素，专门在人口稀疏地区开设了一个占地约10万平方米的大型超市，提供最全的商品种类，而且24小时营业。结果，虽然超市地处偏僻，但因为新颖的设想、丰富的商品和实惠的价格，每天约有2万多客人来访，年销售额达170亿日元。

3. 由彼反此，反弹琵琶

所谓反弹琵琶，就是颠倒思路。在生意场上，生意人需要的是时时拓开思路，颠覆思路，以解决用常规思维解决不了的同样的问题。如果一个企业的领导者，不能用反过来思考的方式考虑问题，那企业是没有什么出路的。

一次，福特一世在街上散步时，偶然间看到肉铺仓库里的几个工人顺次分别切牛的里脊肉、胸肉、头肉，他的脑海里马上浮现出与此相似的过程：让工人顺次分别装上汽车的种种零部件。

这就是用流水线组装汽车的方法，和以前让每一个工人自始至终地装配一辆汽车相比，由于每个工人只负责汽车中的一小部分，操作简单、容易熟练，因此工人劳动效率大大提高，而且很少出差错。流水组装的方法使福特公司脱颖而出，奠定了福特公司在汽车行业中的地位。后来，其他汽车厂、行业纷纷仿效福特公司的这一方法。

我们知道润滑油并非大众产品，它的目标消费群主要是司机和汽车维修人员，并不需要在大众媒体上投放广告，只要能够让目标消费群体知道产品品牌和性能就足够了。但在2003年统一石化转变投资思路，采用“反弹琵琶”的方式，联手中央电视台，开展广告竞标。这个做润滑油的企业获得了2003年中央电视台广告竞标的第二十名，年度广告投入预算高达近7000万元，行内人士认为统一石化是在孤注一掷。

然而，统一石化的大众媒体投放策略获得极好的效果。据统一石化透露，在电视广告播出两个月之后，其销量增长了100%。其产品销售结构也开始从中低端向中高端转化。中央电视台广告投放后，统一石化原来的空白地区也有大量的新经销商加盟，从而完善了渠道覆盖范围。

可见，颠覆思路是生意人最宝贵的价值，它可以为生意人的生意提供“原子弹爆炸”般的威力。

那么，在现今的社会经济环境下，信息快速的时代里，如何做到反弹琵琶呢？

从产品、开发、上市推广、渠道、终端销售、售后服务等环节的操作方面而言，其策略与需要借助的工具将取材于网络技术、体验中心、调研、数据库等，同时最好遵循营销贯穿于产品与服务从设计研发到抵达终端用户手中的整个过程。

（1）反向产品设计。

通过引入互联网等自动化平台与工具，越来越多的产品制造商开通了自己的网站，让顾客能够参与或自主设计、安排符合自己需求的产品样式、颜色、质地、形状或者重量等。这类网站在电脑、服装、化妆品、鞋帽、汽车、房屋等行业已有应用。这方面新兴起的第三方服务商值得众多厂商注意，以便利用其成熟的会员数据库、用户分析数据及其成熟的传播平台。

（2）反向产品开发测试。

在产品开发与测试的环节，同样伴随着营销的影响因素，比如最好让开发人员明白产品的意义，开发人员热爱自己参与开发的产品，对于很多产品而言，其本身就扮演着消费者的角色，让其主动发现产品的问题，参与改进，而不是总要项目经理或主管们来发现，或者在产品上市后交给消费者去“投诉”。

（3）反向定价。

在企业传统的定价过程中，厂家始终是产品价格的主导者和决策者。而网络技术的应用及反向营销思路的兴盛，使消费者得以从“价格的接受者”转变成“价格的制定者”。企业可以针对某些产品推出与顾客直接交流的服务，以便听取顾客对某些产品的价格需求。

（4）反向广告。

在传统广告活动中，营销人员一般是将广告“强制”推向消费者，消费者处于被动接受信息的位置。而“窄播”的兴起，已经或者说正在改变这一现象。窄播的形式可分为两种：一种是点对面式的传播，如专业电台、单选频道；另一种是点对点式的窄播，如音频点播、准视频点播、交互电视等。在“窄播”模式中，企业可采用邮件或电话营销的方式来找出对产品或服务感兴趣，且具有高度获利可能的潜在顾客，与顾客进行直接对话，慢慢地建立与顾客的关系。而电子邮件的订阅可提供主动要求与停止订阅两方面的功能，相应地，如果客户对某种产品信息感兴趣，并且订阅了该类邮件，则产品即将推出时，企业需及时地将这类信息通过邮件传递给订阅客户。

（5）反向推广。

口碑传播与病毒式营销应该是逆向推广能够达到的较高境界，一方面，通过产品体验吸引更多的人参与，比如博客作者、评论员、用户等；另一方面提供特殊政策，同一些第三方营销机构合作，以便顾客可以通过营销中介请求厂商邮寄折价券和促销品，或者索取新产品的免费样品。

（6）反向通路。

增加尽可能多的直接面向终端客户的通路，让顾客能随时了解并体验企业的产品，而且在产生购买需求时随时能获得所需的产品服务。许多日常用品在杂货店、卖场、路边、药店、加油站等地方都随手可得，而网络商店与网络直销的崛起增添了新的通路，消费者直接通过网上浏览、下载的方式购物，或借助于互联网表达新的思路和要求。目前已有众多企业建设了自己的网站，或者在第三方平台上开通了商铺，但在使用上却并没有达到预期的效果。在许多情况下，实体和虚拟系统的整合运用才是最佳选择。

（7）反向细分。

互联网的广泛普及、网民数量的增长，让企业在客户与市场细分上可采用的手段与渠道又多了一种，通过在合作网站或者自有网站上开辟出顾客有奖调查区域，通过奖品、邀请参加某项活动或者其他方式吸引顾客自由填写问卷，或者通过邮件、即时通信等工具发放问卷，最终基于问卷答案的分析了解潜在用户的喜好与特征，运用这种手段，企业可进行市场细分，并为不同的细分市场发展出适当的产品，同时采用包含各类有效指标的访问者统计工具，以及通过注册会员的情况发现商机。目前，戴尔、联想等大型企业已采用这种思路。

（8）反向客服。

通常的客户服务往往是被动接受客户问题、征询或投诉，而逆向营销却可以将这种被动变为主动，通过定期电子邮件、回访、主题活动等方式拜访客户，了解客户的使用体验及要求，并对客户可能感兴趣的产品进行记录，最终反馈到战略层面。

第三节 聪明生意人的逆境投资

这里所说的“逆境”并非指生意人身处逆境，而是指市场行情处于逆境状态下或某行业市场处于充分饱和状态时。这时聪明的生意人将如何成功的投资呢？

通常来讲，大众思维往往是顺境投资，逆境收成果。而具有反向思维的生意人，却往往是在逆境投资，顺境收成果。美国最杰出的传奇股神沃伦·巴菲特就是典型代表。

中国台湾经济学者和经济专家曾经在1987年年初表示，因为台币升值的缘故，以出口为导向的台湾经济必将受到影响，会导致经济增长减缓，随之股票市场将会出现一季比一季下降的趋势。然而，结果却是股市连创新高，这种趋势直到9月，更加狂涨不止。就在人们一片看好、股市将要创下5000点新纪录时，厄运终于降临，股市大幅下挫。加上受美国股市暴跌的影响，台湾地区股市跌幅超过50%。这些现象均显示，股市的走向常常和股民们的心理背道而驰。而巴菲特就非常善于利用群众的心理变化，来为自己选择投资的大好时机。他经常说，他投资成功的秘诀是：在别人贪婪时恐惧，在别人恐惧时贪婪。这就是他逆境中投资的秘诀。

1973 年，尼克松总统被爆出了“水门事件”丑闻，这让本已陷入石油危机的美国更加步履维艰。国内通货膨胀和经济衰退问题日益严重，整个华尔街都屏住了呼吸。1974 年，通货膨胀率高达 11%。在全球范围内，经济衰退的浪潮不可阻挡。同年 9 月，道琼斯指数跌到了惊人的 607 点，整个美国紧张得瑟瑟发抖。

然而，就在全美股票市场不景气、众多投资者一筹莫展的时候，巴菲特却异常兴奋，他不知疲倦地选择优秀企业进行收购，一大堆公司上了他购进股票的名单。

1974 年 10 月，《福布斯》杂志对巴菲特做了专访。记者问他：“您对当前股市有什么感想?”

巴菲特轻松地说：“现在到了投资的时候了!”

“什么? 现在吗?”记者吃惊地问。

“的确，现在是华尔街少有的投资大好时期。美利坚正在被抛弃，没人想要它。但是，当别人害怕时，你要变得贪婪。”巴菲特再次重申了他多次提到的观点。

后来的结果证明了巴菲特过人的智慧。股市经历了最黑暗的时期后，开始逐渐升温，巴菲特以前所购的股票价格成倍地增长，他的个人财富也像滚雪球一样越滚越大。到了 1982 年，他的个人财富增长到 2.5 亿美元，在《福布斯》“美国 400 首富排行榜”中名列第 82 位。

可见，在逆境中投资也会带来意外的成功。

1. 在逆行情中，要学会转型投资

据 2014 年 10 月中国商务部的数据，节日期间，应季服装鞋帽等商品

销售出现快速增长，其中，河南、江苏、青海重点监测企业服饰类商品销量同比增长两成以上。在服装行业整体低迷的情况下，这样的数据似乎有些令人意外。不过反观A股市场，服装股其实早已开始反弹，2014年1—10月，服装家纺板块涨幅达28%以上，跑赢大盘。而究其原因，除了“超跌反弹”的因素，更多则是因为越来越多的服装企业开启转型之路，其中甚至不乏彻底“改头换面”者。

比如，步森股份就从一家服装公司变为一家农业公司。2014年8月22日，停牌3个多月的步森股份复牌，并公告了资产重组方案：广西康华农业股份有限公司（以下简称康华农业）拟借壳步森股份。资料显示，康华农业是一家生态农业种植公司，主营业务为优质水稻等农产品的生产和销售。在服装行业不景气，步森股份出现亏损之际，康华农业借壳的消息给步森股份注入了强心剂，当日复牌后，步森股份股价连续5天一字涨停。

而专注于休闲服的美邦服饰则开始涉足金融。2014年9月13日，美邦服饰公告称，公司董事会一致审议通过《关于拟参与发起设立华瑞银行的议案》，美邦服饰将参与发起设立上海市第一批民营银行“华瑞银行股份有限公司”，公司拟出资额不超过人民币7.5亿元（含7.5亿元）。而在9月29日，公司再次公告称，从银监会网站获悉，同意筹建上海华瑞银行，同意上海均瑶（集团）股份有限公司认购该行30%的发起人资格，而美邦服饰认购该行15%的发起人资格。

森马服饰账上的大量现金也使得投资者浮想联翩。2014年7月21日，其宣布拟以1.02亿元的价格收购育翰上海70%的股权，该公司旗下资产有天才宝贝早教品牌及小小地球少儿英语。对于收购目的，森马服饰在公告中称，公司将借此进入儿童教育培训市场，并进一步将公司打造成为儿童综合一站式服务平台，而未来将继续开展针对儿童的教育、动漫影视、游戏等相关行业的投资并购及资源整合。

2. 在饱和顺境市场中，要学会精准投资

作为国内专注于移动通信发展的中国移动公司，曾成功推出了“全球通”“神州行”两大子品牌，成为中国移动通信领域的市场霸主。但市场的进一步饱和、联通的反击、小灵通的搅局，使中国移动通信市场弥漫着价格战的狼烟。下面来看一下，2003 年“动感地带”如何实现成功的投资突围。

(1)“动感地带”2003 年营销事件回放。

2003 年 3 月，中国移动推出子品牌“动感地带”，宣布正式为年龄在 15 ~ 25 岁的年轻人提供一种特制的电信服务和区别化的资费套餐；

2003 年 4 月，中国移动举行“动感地带”（M - ZONE）形象代言人新闻发布会暨媒体推广会，台湾新锐歌星周杰伦携手“动感地带”；

2003 年 5—8 月，中国移动各地市场利用报纸、电视、网络、户外、杂志、公关活动等开始了对新品牌的精彩演绎；

2003 年 9—12 月，中国移动在全国举办“2003 动感地带 M - ZONE 中国大学生街舞挑战赛”，携 600 万大学生掀起街舞狂潮；

2003 年 9 月，中国移动通信集团公司的 M - Zone 网上活动作品在新加坡举办的著名亚洲直效行销大会（DM Asia）上，获得本届大会授予的最高荣誉——“最佳互动行销活动”金奖，同时囊括了“最佳美术指导”银奖及最佳活动奖；

2003 年 11 月，中国移动旗下“动感地带”（M - ZONE）与麦当劳宣

布结成合作联盟，此前由动感地带客户投票自主选择的本季度“动感套餐”也同时揭晓；

2003 年 12 月，中国移动以“动感地带”品牌全力赞助，由 Channel [V] 音乐频道联袂中央电视台、上海文化广播新闻传媒集团主办的“未来音乐国度——U and Me！第十届全球华语音乐榜中榜”评选活动。

（2）“动感地带”的策略解析。

现在人们的日常生活中，早已是手机不离手了，伴随着 3G、4G 浪潮的到来，手机将凭借运营网络的支持，实现从语音到数据业务的延伸，服务内容将更加多样化，同时更孕育着巨大的市场商机。

面对“移动牌照”这个资源蛋糕将会被越来越多的人分食的状况，在众多的消费群体中进行更有效的锁住目标客户，以新的服务方式提升客户品牌忠诚度、以新的业务形式吸引客户，是运营商实现投资成功的关键。

第一，精确定位，锁住消费新生一代。

根据世界著名管理咨询公司麦肯锡对中国移动用户的调查资料表明，中国将超过美国成为世界上最大的无线市场。从用户绝对数量上说，2005 年中国的无线电话用户数量达到 1.5 亿～2.5 亿个，其中将有 4000 万～5000 万用户使用无线互联网服务。

从以上资料可以看出，25 岁以下的年轻新一代消费群体成为未来移动通信市场最大的增值群体，因此，中国移动以业务为导向的市场投资策略为基础，在众多的消费群体中锁住 15～25 岁年龄段的学生、白领，产生新的增值市场。

锁定这一消费群体作为自己新品牌的客户，是中国移动“动感地带”成功的基础。

①从当时的市场状况来看，抓住新增主流消费群体，15～25 岁年龄段

的目标人群作为预付费用户的重要组成部分，而预付费用户日益为中国移动新增用户的主流，中国移动每月新增的预付卡用户都是当月新增签约用户的10倍左右，抓住这部分年轻客户，也就抓住了移动通信市场大多数的新增用户。

②从长期的市场战略来看，需要培育明日高端客户，以大学生和公司白领为主的年轻用户，这些群体对移动数据业务的潜在需求大，且购买力会不断增长。有效锁住此部分消费群体，三五年以后，这些客户将从低端客户慢慢变成高端客户，企业便会在未来竞争中占有优势。

③从移动的品牌策略来看，形成市场全面覆盖：全球通定位高端市场，针对商务、成功人士，提供针对性的移动办公、商务服务功能；神州行满足中低端市场普通客户通话需要；“动感地带”有效锁住大学生和公司白领为主的时尚用户，推出语音与数据套餐服务，全面出击移动通信市场，牵制住了竞争对手，形成预置性威胁。

第二，独特的品牌策略，另类情感演绎品牌新境界。

“动感地带”目标客户群体定位于15～25岁的年轻一族，从心理特征来讲，他们追求时尚，对新鲜事物感兴趣，好奇心强、渴望沟通，他们崇尚个性，思维活跃，他们没有强烈的品牌意识，对品牌的忠诚度较低，是容易互相影响的消费群体；从对移动业务的需求来看，他们对数据业务的应用需求较多，“动感地带”正好可以满足他们通过移动通信实现娱乐、休闲、社交的需求。

中国移动据此建立了符合目标消费群体特征的品牌策略：

①动感的品牌名称：“动感地带”突破了传统品牌名称的正、稳，以奇、特彰显，充满现代的冲击感、亲和力，同时整套视觉系统简洁有力，易传播，易记忆，富有冲击力。

②独特的品牌个性："动感地带"被赋予了"时尚、好玩、探索"的品牌个性，同时提供消费群以娱乐、休闲、交流为主的内容及灵活多变的资费形式。

③炫酷的品牌语言：富有叛逆的广告标语"我的地盘，听我的"及"用新奇宣泄快乐""动感地带（M－ZONE），年轻人的通信自治区"等流行时尚语言配合创意的广告形象，将追求独立、个性、更酷的目标消费群体的心理感受描绘得淋漓尽致，与目标消费群体产生情感共鸣。

④最强的明星代言：周杰伦以阳光、健康的形象示人，同时有点放荡不羁的行为，成为流行中的"酷"明星，在年轻一族中极具号召力和影响力，与动感地带"时尚、好玩、探索"的品牌特性非常契合。邀请周杰伦代言"动感地带"，可以更好地回应和传达动感地带的品牌内涵，从而形成年轻人特有的品牌文化。

"动感地带"独特的品牌主张不仅满足了年轻人的消费需求，与他们的消费特点和文化相吻合，更是提出了一种独特的现代生活与文化方式，突出了"动感地带"的"价值、属性、文化、个性"。将消费群体的心理情感注入品牌内涵，是"动感地带"品牌新境界的成功所在。

第三，整合营销传播，以体验之旅形成市场互动。

"动感地带"作为一个属于年轻人的品牌，是中国移动的一项长期战略，在进行完市场细分与品牌定位后，中国移动大手笔进行了立体化的整合传播，以大型互动活动为主线，通过体验营销的心理感受，为"动感地带"的营销传播推波助澜！

①传播立体轰炸：选择目标群体关注的报媒、电视、网络、户外、杂志、活动等，将动感地带的品牌形象、品牌主张、资费套餐等迅速传达给目标消费群体。

②活动以点代面：从新闻发布会携手小天王、小天王个人演唱会，到600万大学生“街舞”互动、结盟麦当劳、冠名赞助“第十届全球华语音乐榜中榜”评选活动，形成全国市场的互动，并形成了良好的营销氛围。

③高空地面结合：中国移动在进行广告高空轰炸、大型活动推广传播的同时，各市场同时开展了走进校园的相关推广活动，建立校园联盟；在业务形式上，开通移动QQ、铃声下载、资费套餐等活动，为消费群体提供实在的服务内容，使高空地面相结合。

④情感中的体验：在所有的营销传播活动中，都让目标消费群体参与进来，产生情感共鸣，特别是全国“街舞”挑战赛，在体验之中将品牌潜移默化的植入消费者的心里，起到了良好的营销效果。

“动感地带”作为中国移动长期品牌战略中的一环，抓住了市场中所定位的目标用户，但要想进一步有效提高用户满意度，就需要在营销推广中注意用户的诉求，更加突出品牌力，提供更加个性化、全方位的服务，以提高消费群体的品牌忠诚度，实现在饱和市场下的成功投资！

第四章

生意场上，规无常规，方可出位

在汹涌的市场洪流中，每天都有无数的新企业如雨后春笋般冒出来，他们千方百计寻求创新、博“出位”，你如果循规蹈矩、不思变革，也许明天你的企业就会淹没在滚滚的市场洪流中，销声匿迹。

第一节　以卵击石

在生意场上，有计策地以卵击石，有时也能起到四两拨千斤的借力效果，从而达到制胜对手的目的。

嘉利公司（化名）作为一家成长型的方便面企业，公司规模小，实力弱，产品线也少，为此在启动永明市场时，公司精心打造和上演了一场“以卵击石”的好戏。

1. 做好市场调研是根本

众所周知，市场调研对于营销管理来说，其重要性犹如侦查对于军事指挥。其重要性主要表现在五个方面。

（1）提供作为决策基础的信息；

（2）弥补信息不足的缺陷；

（3）了解外部信息；

（4）了解市场环境变化；

（5）了解新的市场环境。

也就是说，不做系统客观的市场调研与预测，仅凭经验或不够完备的信息就作出种种营销决策是非常危险的，也是十分落后的行为。因此，嘉利公司在开发和拓展市场的难度非常大的情况下，在2004年，进行了一场精心的调研之旅。

在开发永明市场时，嘉利公司销售经理李华进入方便面行业不到两个月的时间，在方便面行业市场操作上也没有多少经验可谈，也可以说是一个门外汉，可他有操作其他快速消费品多年而独到的经验，这让他对永明市场信心百倍。他认为，刚生产的产品要想从强势对手那里“虎口夺食”，无疑是以卵击石，因此，找到一个科学而合适的经销商是成功操作的关键。确定了基本的调研思路之后，李华拿着自己的笔、本、地图，挎着背包，坐上了开往永明的公交车。随后，李华便开始了他的乡镇市场的调研之旅。

在永明市场有两个竞争品牌，一个是地产品牌梨园方便面（化名），另一个是全国五强之一的云雪方便面（化名）。云雪方便面市场份额大约占 60%，而梨园方便面大约占 20%，其他市场份额都被一些小型方便面厂家的产品所占据。

李华通过对终端零售商以及乡镇的批发商一番了解，得知该县共有 3 个方便面销售大户，一个是经销云雪方便面的老张，财大气粗，经营方便面产品的时间较长；一个是代理梨园方便面的老周，50 多岁，原供销社的老人，但思想保守、做事机械，近年来生意一直处在保盘阶段；第三个方便面大户，属于倒货大户，销售点地处城乡结合部，以倒货、窜货闻名，也赚了不少钱，但不被老张和老周所瞧得上。其他的都是一些分销小户了。

就在李华感觉永明市场垄断程度较高时，一个分销商意外跟他提到的一个信息，让他眼前一亮。该分销商告诉李华，他认识一个刚从某省会城市经商失败，回家乡创业的老板，名叫赵林，38 岁，现正在急于寻找产品代理。不过，该经销商实力不是很雄厚，并且经营地点设在一个靠近路边的村里，不在城镇，但很多人都评价他务实、诚信。听到这里，李华大喜，便向该分销商要到了这个名叫赵林的经销商的联系电话。

2. 偏向虎山行

由于嘉利方便面刚投入市场，在市场竞争中无疑处于弱势地位，因此，它的战略使命更多的是对竞争对手实施主动进攻。

（1）确定进攻对象，制订系统的市场操作方案。

高度决定速度，速度决定成效。因此，为了立足长远，能够在最短的时间内赶超对手，李华以及经销商赵林决定选择云雪作为竞争对象，一切市场营销策略都要围绕它来展开和进行。就此，李华和赵林根据营销数据，针对产品、价格、渠道、促销、服务、宣传等制订了详细而周密的市场操作方案。

产品投放策略：拓展阶段初期，采取单品牌、差异化策略，通过专业、专注的态度，快速占领市场，实现对市场的全方位铺货和覆盖；

价格定位策略：通过产品的差异化，采取高质高价的方式，拉大与竞争产品的操作距离，给人以档次感以及物超所值的印象；

渠道设定策略：采取先零售，后批发；先农村，后城镇的两步走进攻模型；

产品促销策略：采取差异化的促销方式，即竞争对手所采用的促销手段与促销物品一律不用，促销坚持新、奇、异；

产品服务策略：做好客情关系，实施当天订货当天送达制，承诺如果兑现不了甘愿受罚，从而树立诚信形象；

产品宣传策略：通过大量制作和散发促销宣传单、企业单页、门牌广告等，低成本而大规模的融势、造势，为营造热销势头埋下伏笔。

（2）因地制宜，巧妙设定显成效。

李华认为，要想在市场竞争激烈的情况下，超越竞争对手，必须拥有自己的核心竞争力。因此，为了赶超对手，李华以及客户赵林决定严格贯彻执行已制定的市场策略，概括说来其精髓就是“两高一差”策略。两高是“高价位、高促销”，一差是“产品差异化”。云雪方便面在永明市场产品比较单一，就是一种70g×40包、单块、单料产品在销售，而梨园作为地产品牌采取的是跟随策略，即也是变相用68g×40包、单块、单料的产品抢占市场，二者的价位分别为15.5元/箱和15.2元/箱，因此，如果嘉利也采取追随模式的话，在市场上不会有太好的表现。为此，李华经过与赵林商讨，决定用企业新推出的“好兄弟”108g×20包、双块、双料的差异化产品来进行切入，因为双面块、双料包且20包装规格的产品永明市场属空档产品，不仅适合单包零卖（包大），也适合整箱购买，操作起来更具模糊度以及操作空间。但如何定价呢？该产品出厂价为10元/箱，因此，为了能够拥有较大的操作空间，李华与赵林商定决定出手价统一定为12元/箱，价差的2元部分是这样设定的：0.6元作为赵林的利润；0.8元作为累计销售奖品，该有奖销售暂定半年，达到一定程度销量，均有从茶具六件套、毛巾被、自行车、三轮车到洗衣机、手机、空调等不同级别奖品的奖励，奖品不折兑现金和产品；0.3元通过企业生产环节设定“开箱有奖”，奖品为作业本、钥匙链、电话本、圆珠笔等小礼品；而余下的0.3元则作为季度或年度现金返利灵活掌握。此方式推出后，由于促销设定照顾到了渠道的方方面面，加之云雪、梨园一直在打价格战，没有相关的系统促销支持，因此，该方式很快就在永明市场被极力追捧。从厂家拉回来的第一车货，1000余件产品，仅仅用不到一个上午的时间就宣告售罄。这极大地刺激了李华以及赵林的销售积极性，他们快马加鞭，乘胜追击，仅一个月就售卖了近十万元的产品。借助这种切合市场，实际而有效的市场操作模式，嘉利产品长驱直入永明市场。

（3）采取先占农村，再围合城区战术。

在城乡市场，云雪方便面有着很强的竞争力，尤其是城区市场，是消费者理性而指名购买，因此，嘉利产品一时很难打进去。针对这种情况，李华以及经销商赵林决定先从农村市场，竞争对手的薄弱环节突破，并采取釜底抽薪的方式，与劲敌云雪打一场漂亮的“地道战”“游击战”“狙击战”。

第一，“地道战”。先摸清云雪薄弱的区域乡镇市场，然后神不知鬼不觉地悄悄潜入。比如，永明西半部与安徽省交界处的 5 个乡镇是云雪的薄弱乡镇，产品占有率极低，对此，李华和赵林通过将乡镇的二批商邀请到饭店“议事”的方式，甚至给予特殊的年返政策保本销售，加大促销的力度，从而强行攻占了市场。待云雪醒悟过来，意欲争夺时，嘉利方便面已经通过渠道促销（有奖销售）、终端促销（开箱有奖）、拦截促销（年度、季度模糊返利）的连环方式，招招封喉，将对手屏蔽在其所构建的渠道堡垒之外。

第二，“游击战”。永明市场 30 个乡镇，130 余万人口，方便面消费潜量巨大。针对云雪方便面市场布局不均等现状，李华以及赵林采取了游击战的方式与云雪展开了周旋。比如，集中优势资源，嘉利重点攻击了一个云雪的强势乡镇市场。待云雪发觉予以反击时，李华以及赵林已经调整方向，正在佯攻或强攻另外一个市场，从而让云雪的厂家以及经销商疲于应付，达到了敌进我退、敌退我进、敌疲我扰之牵制对手目的。

第三，“狙击战”。即采取出其不意、攻其不备以及找到竞争对手的软肋之处的策略，采取痛击的方式抢占市场。比如，在云雪的根据地市场，采取有奖陈列、现场免费品尝等活动，扩大嘉利产品的影响力与知名度，从而对竞争对手云雪进行有效的终端以及消费者拦截，对云雪的根据地地位予以动摇。嘉利产品迂回出击，巧避锋芒，从而逐渐获得了有利的市场竞争地位。兵无常势，水无常法，合适的才是最好的。通过锁定目标，采取聚焦策略，然后各个击破的方式，嘉利方便面产品逐渐进入了各级渠道分销商的眼球，并日益引起他们的重视，为下一步“虎口脱险”以及“虎口拔牙”奠定了很好的市场基础。

3. 以卵击石，水滴石穿，简单重复的力量

在这场与云雪品牌的较量中，嘉利采取了以卵击石方式，通过打持久战的方式，与竞争对手比拼耐力与毅力，最终赢得了胜利。

（1）短兵相接，勇者胜。

在进入永明市场的第二年，嘉利方便面销售量已经超过梨园的销售量升至第二位。这时，已经感觉到严重威胁的云雪方便面的厂商为了巩固原有地位，决定孤注一掷。该年麦收旺季前夕，云雪方便面一改往日“尊贵”的派头，首次拿出 0.5 元/箱的力度模仿嘉利做起了促销，并申明不要促销品的甚至可以直接返利产品，意欲将嘉利产品扼杀在快速成长的“摇篮”里。

对此，李华以及经销商赵林经过反复权衡，觉得与云雪进行正面交锋的时刻已经到了，嘉利应该从战略进攻转为战略强攻了，但需要讲究谋略制胜。2006 年，赵林在李华的参谋下，掀起了一股“飓风”行动，即在 108g×20 包产品促销的基础上，引进 70g×40、单块、双料的产品（云雪此时也演变成双料产品），并且保本、一步到位价销售 14.8 元/箱，总体算来比云雪低 0.5 元/箱左右，从而直接打击云雪的核心产品。由于原来产

品所累积的口碑，因此，该产品所到之处，很快就对云雪带来了致命的打击。此次“飓风”行动持续了 3 个月，云雪的市场销量从原来的每月 50 万元左右，下降到了每月不到 30 万元，厂商的士气大为低落。而嘉利的两支产品很快就在市场上占了上风，并且借助这股促销大战的风潮，嘉利还顺利地成功推出了一款红焖羊肉面以及一款礼品装的中高档产品，从而进一步稳固和提升了市场的操作和盈利空间，使市场销量以及产品结构得到了稳步提升以及最大限度的改善。

（2）楚歌四面，草木皆兵优势显。

2005 年下半年，李华升任该区域大区销售经理，在进一步拥有了市场操控权的基础上，李华协同经销商赵林做出了一个全面进攻的决定。同年 8 月，借势中秋节、国庆节双节来临之际，在李华的策划下，嘉利举行了一次规模空前的永明二批商有奖订货联谊活动。活动在该市一大酒店举行，现场光顾的二批商达 90 余个，由于本次订货力度大，形式新颖，不仅有订货，而且还有培训、专家现场咨询、文艺节目等，而且其他厂家从来没有举行过此类活动，因此，订货联谊活动形势空前喜人，现场就收到现金近 50 万元。同时，李华也从嘉利公司本部抽调 6 辆铺货宣传车进行渠道占仓压货，因此，整个中秋节期间，嘉利在永明市场实现销售 80 余万元，从而首次将云雪方便面甩在身后，使云雪的厂家以及经销商处在被挤压的恐慌中，嘉利产品在销售方面也实现了新的较大的突破。

（3）乘胜追击，成霸主。

此时，李华以及赵林决定乘胜追击，从而最终打败云雪。2006 年春节前夕，嘉利公司别出心裁，又举行了一次有奖订货活动，与上次活动不同的是，嘉利考虑到春节二批商比较忙，无暇去开订货会的实际情况，决定开展上门订货，所节省的餐饮招待等费用，都一次性用于客户节日礼品上，并且对订货量达到500箱以上的二批商，都给予奖励灯箱广告或门头一个。由于这次订货会处处为渠道商考虑，且充满创新性，因此，受到了广大二批商、零售商们的热烈追捧，他们在订货期间不断加大订货的筹码，在规定的十天订货时间内，光订货款就达到了100万元以上，而永明的30个乡镇到处都可以看到堆码整齐的嘉利系列产品以及醒目的喷绘招牌广告，活动效果出奇得好。经过李华以及赵林的精心策划，嘉利方便面终于脱颖而出，从而成为永明市场方便面行业名副其实的霸主。

第二节 巧借暗力，可以攻玉

做生意，没有一个人能够独自成功。因为一个人的能力总是有限的，不与人合作很难做大人生的局。成大事者懂得巧借暗力，可以攻玉，从而成就自己的事业。在生意场上更是如此。

1. 巧借力，审时乘势

巧借天时，为我所用，继而乘势而上。历史上有成就的人，大多是懂得借势、乘势的高手。他们之所以成功，是因为他们把握了时机，然后乘势而上。在做生意过程中，也不乏这样的案例。

2005年8月，百度在美国纳斯达克成功上市，以27美元每股发行，一天之内涨幅达到354%，成为美国股市自2000年以来，上市公司市值首日涨幅之最，百度市值由8.72亿美元飙升至近40亿美元。百度的创始人李彦宏的个人身价也达到9亿美元。这次，百度不仅再次创造了互联网企业的奇迹，而且也成为全球范围内家喻户晓的企业，这在其上市之前恐怕是大多数人所想不到的。

如果百度在不宣传、包装的情况下上市，一定不能达到如此好的效果，也可能融不到更多的资金，也有成为垃圾股的可能。因为美国的投资者对百度一无所知，更没有人使用过百度。要想在市面上一举成功，就需要让美国的投资者知道百度，了解百度。而要达到这个目的，最好的办法就是让他们知道百度和某个他们非常认可而且业绩很好的美国公司是一样的。

因此，上市之前，李彦宏决定借用 Google（谷歌）公司。因为对于百度来说，Google 公司一方面是搜索业界的老大，其上市后，业绩一路高攀，从开盘时的 100.01 美元每股上涨到了 300 多美元每股。Google 公司更是美国投资者追捧的对象，其在市场资本市场里和搜索领域的影响力无人可敌。另一方面，Google 公司在国内和百度是竞争对手，在中国搜索领域分别排名第二和第一，两家公司的性质的相同性可想而知。于是，李彦宏聪明地把 Google 公司作为新的融资股东。而在 Google 公司上市时，那些错失投资良机的投资者，这次显然不会再错过机会，他们把对 Google 公司未能尽释的热情转移到了对百度的热情追逐上。最后，借 Google 公司之势，百度一举成名。

2. 借假隐真，化险为夷

世事之复杂，往往就在于常出假象。在生意场上，如果可以利用假象，积极灵活变通，特别是对立双方的情况下，或因实力不同，有强弱之分的时候，做出不同的反应，就有可能扭转局势，以达到自己想要的目的。

中国一家梳绒厂因经营不善，面临破产的境地，要想渡过难关，必须尽快把公司的产品全部卖出去。公司经理李南不得不飞往韩国与客户进行紧急谈判，但此时对方已获知这家公司的底细，想尽办法往低压价。虽然李南没有了选择，但是他沉着冷静，尽管他内心十分焦急，表面上仍谈风笑生，平静如水。在对方代表看来，李南似乎对他们提供的谈判条件根本没有进行认真的思考，而是一遍又一遍问秘书："你再去看看飞往美国的机票是否准备好了，如果准备好了，我们明天就走，那里可不能误了。"因此韩方谈判代表认为：李南对与韩国的这桩生意兴趣不大，他极有可能会突然离开韩国前往美国。继而赶忙拨通电话报告总裁，询问怎么办，总裁下令：按正常价格尽快谈成这笔生意。最后，这家梳绒厂因这笔生意而起死回生了。

第三节　花样新出，以自损之名

在各种经济活动中，如何获得商机，赢得更多的利润，是生意人的首要课题。古人云："将欲取之，必先予之。"就是说在生意经营中，必须有舍，才能在舍中慧眼识别出其中的潜在的机会，从而获得更多的利益，拥有更加广阔的发展空间。

1. 从自损小失中发现利润

对于生意人来说，主动损失自己应得之利，无疑是忍痛割爱，因为追逐最大的利润是生意人的最终追求。所以，生意人在忍痛割爱的过程中，体现的是一种更高境界的精明。

古代有一个商人，在一个小镇推销金鱼缸，他的金鱼缸工艺精湛，造型精巧，但是问津者却寥寥无几，急得这个商人抓头挠耳。一天，他看到一个卖金鱼的老头，想到了一个好主意，以低价向老头买了 500 条小金鱼。第二天上午，这个商人让老头担起金鱼跟他一起走，来到一条穿镇而过的小河上游。卖金鱼的老头按商人的吩咐，把 500 条小金鱼全部放入小河里。当天下午，整个小镇传遍这条消息：这小河里不知从哪里来了一群漂亮又可爱的小金鱼！镇上的人争先恐后地跑到小河边，高兴地寻找、捕捉小金鱼。捉到小金鱼的人，高高兴兴地去市场买金鱼缸，那些还没捞到小金鱼的人也纷纷去市场抢购鱼缸和金鱼。因为大家想的是：既然小河里有金鱼，今天虽然没有捞到，但总有一天会捞到；就算捞不到，也可以买来养，鱼缺总能派上用场。这样，养小金鱼成了这个小镇上的一种时尚与喜好了。

很快，卖鱼缸的商人把鱼缸的单价提高了，几千个小鱼缸很快被镇上的人抢购一空，而那个卖小金鱼老头的生意也跟着火了起来。

从金鱼缸卖不出去到抢购一空，在这个过程中，只是因为卖鱼缸的商人采取主动自损的策略，以买小金鱼为道具，达到卖金鱼缸的目的。利用人的贪的潜在的本性，免费送小金鱼，消费者有了小金鱼，自然而然会买金鱼缸这样的心理，从而轻而易举地把这几千个金鱼缸卖光了。

2. 在得中尽量少得

中国有句俗话：“亲兄弟，明算账。”人与人之间无论多么亲密无间，同样也存在利益之争，特别是在生意场上。因此，在商业交往与合作过程中，如何处理这种利益关系，对于生意人来说是个极大的考验。

香港商人李泽楷在接受访问时说：“我父亲没有教我什么赚钱的方法，只是教我，假如和别人合作，你拿 7 分合理，8 分也可以，但你只拿 6 分就可以了。”也就是说，让别人多赚 2 分，所以每个人都愿意同李嘉诚合作。

在中国台湾有一个叫罗宾的生意人，经营着一家建筑公司，用一万台币资产赚到一百亿台币资产。那他是怎么做到的呢？原来他在一家公司当总经理的时候，看到过李嘉诚的“拿 7 分合理，8 分也可以，我只拿6分”的报道。罗宾就是通过学习李嘉诚，从一个小员工成为价值20亿元人民币的公司董事长。正是罗宾在商业交往和合作过程中，坚持尽量小得的原则，所以他的生意伙伴越来越多，生意越来越好，利润自然而然水涨船高了，实现了公司的快速成长。

在中国大陆地区，也有这样的生意人，蔡文川就是一位代表。蔡文川在生意合作过程中，始终坚持一条原则：不与合作方谈价钱，合作方说的价格是多少，就支付多少。蔡文川为什么坚持这个原则呢？他在接受记者访问时说：“坚持一口价既表明我尊重对方，也想让对方感受到我的真诚。更何况，市场是一个良性循环的过程，你想赚到钱，就必须给别人提供赚钱的机会，不应该斤斤计算，能尽量少得就少得。”也正是他这样的坚持，使他的产品“醉不倒”白酒系列、“不得了”皇帝补酒系列和“健康壹号”苹果饮料系列走向全国，立足市场而不倒。蔡文川自己则成为了深圳市政协委员、中国青年企业家协会理事。

第四节 化怨为德，以仁义生财

古人云：“吃亏是福。”这句话实际上就是以德报怨的一种具体表现。在生活中，很多人害怕吃亏，总想占点便宜。然而在生意场上，“吃亏”是一种明智、积极的做法，“吃亏”所带来的的“福”，其价值远远超过了所吃的亏。

罗伯特是美国加州一家水泥厂的老板，由于经营重义守信用，所以生意一直很好。但最近发生的一件事，让他头痛不已。一个叫莱特的水泥厂商，也在加州进行销售，且他在罗伯特的经销区内定期走访建筑承包商，并告诉他们：“罗伯特公司的水泥质量不好，公司也不可靠，面临倒闭。”

因为莱特的这种做法，罗伯特只能四处解释，但遇到这样一个没有商业道德的竞争对手，四处解释也没有什么用，解铃还需系铃人。

一个星期天的早晨，罗伯特在教堂里做祷告，牧师讲的主题是：要施恩给那些故意为难你的人，要以德报怨。当时罗伯特把每一个字都记了下来，但也就在当天下午，莱特却使罗伯特失去了九份五万吨水泥的大订单。

第二天下午，罗伯特在安排上周活动的日程表时，发现住在纽约的一家顾客正需要数目不少的水泥。但他需要的水泥型号不是罗伯特公司生产的，却与莱特公司生产出售的水泥型号一样，但这件事莱特并不知情。

发生这样的事情，一般人都不会把利于他人的好事说出去的，更何况是莱特这样的人，四处中伤自己，无中生有。

但罗伯特做出了出乎意外的决定，他拿起电话：

“莱特吗？我是罗伯特。”罗伯特说。

“什么事？罗伯特先生。”莱特说。

“我这有一个订单，刚好是你公司生产的型号。”罗伯特说。

“什么？什么？你……”莱特有点结巴地说。

“是的，我这儿有一个订单，是要你厂生产的水泥型号，我确定。一会儿，我打电话给那位客户。”罗伯特再次道。

经过这次事情，莱特不但停止了散布关于罗伯特的谣言，还把他不能处理的生意给了罗伯特。现在加州所有的水泥生意被他俩全垄断了。

第五章

生意场上，趋势产品是开门斧

曾有经济学家预测，“趋势竞争产品是生意制胜的核武器”。在信息化时代，如何抓好战略统筹和顶层设计，分析实际需求，以需求为导向，以市场为动力，打造出趋势产品是优秀生意人必须决断的问题。

第一节　了解趋势产品

1. 什么是趋势产品

在经济全球一体化的进程中，企业在市场中，都要面对越来越多的来自国内外对手的竞争，特别是在计算机技术、通信技术等先进的科技领域。同时，贸易壁垒、行业垄断、恶意价格竞争等问题，也使得市场竞争越来越激烈。因此，对于任何一个从事生意行业的人来说，产品成功与否，对企业的经营状况和前景有着重大影响。如果企业的产品成为市场先入者，将获得先入为主的极大优势。

20 世纪 50 年代的巴黎，仅有 23 家服装企业算得上是“高级时装”的生产商，其服务的对象在全世界也不到 3000 人。于是，一方面，服装公司受市场局限，出路越来越窄；另一方面，普通大众却对着高雅美观的服饰可望而不可求。以浪漫著称的法国人似乎已不知如何解决这传统与现实之间的进退维谷的矛盾。

独具慧眼的皮尔·卡丹敏锐地洞悉了这一趋势，乘着战后妇女大量工作，社会消费迅速增加的时机，勇敢地提出了“成衣大众化”的口号，果断地把设计重点放在了一般消费者的身上，推出一系列风格高雅、质料价格适中的成衣。20世纪最伟大的时装革命从此拉开了序幕。

然而，这一创举却激怒了那些守旧的同行们，一时之间骂声四起，什么“离经叛道，有伤风化”，什么“出身低下，无钱着衣”，等等。对此，皮尔·卡丹的回答坚定而有力：“我虽然是一个高级服装设计师，但是我有一种发自内心的热情促使自己把设计优良的服装大众化，让更多的人们可以买得起、穿得上，使风格高雅的成衣面对更多消费者。我为什么只服务于公主、影星，还有那些贵妇人，而不能为老百姓服务呢？我的愿望很单纯，为更多的人设计更多的服装，又错在哪里呢?”

巴黎的时装辛迪加无言以对，却做出了一个无言的决定：开除会员皮尔·卡丹，扑灭“成衣大众化”的革命。

皮尔·卡丹被逐出巴黎时装女服辛迪加后，依旧执着地沿着“成衣大众化”的方向前进，并进行了另一个革命性的创作：打破服装业女装设计的传统，大胆开辟男装设计的阵地，让激情与岁月燃烧。无人敢为我偏为，在唯有“女性的月光”挥洒的巴黎时装界，皮尔·卡丹终于掀起了男性时装的风潮，将烈日的光辉洒向古老的巴黎。

后来的结果证明，皮尔·卡丹所设计的产品引领了时装的风向，成为服装界的潮流风尚标。

再比如：

1973年摩托罗拉公司推出的第一部手机、1981年IBM公司推出的世界上第一台电脑（IBM5150）、1985年日本东芝公司推出的第一台笔记本电脑等。这些产品都深刻地改变了人们的生活和工作方式。

2013年6月，苹果WWDC2013主题开发者大会中，苹果发布了全新的iOS7操作系统。正如我们所见，iOS7相对于以往的iOS6系统，风格进行了大胆而全面的改变。渐变色式的扁平化的图标、全新的细节功能和操作，几乎完全颠覆了iOS6的拟物化风格印象。一夜之间，风行一时的拟物化图标风格风光不再，扁平化成为了新的潮流，而这一潮流的来源便是“苹果”。

由此可见，任何企业要想立足于市场，都必须从消费者的需求出发，以“不创新，毋宁死”作为开发产品的理念，因为消费者需求具有无限的扩展性。也就是说，人们的需求是无止境的，永远不会停留在一个水平上。随着社会经济的发展和消费者收入的提高，消费者的一种需求被满足了，又会产生出新的需求，循环往复，以至无穷。为了适应市场需求的变化，就需要企业不断开发新产品，而这种产品就是我们说的趋势产品。

简而言之，所谓趋势产品，就是能满足客户的心理或生理需求，且具备引领行业发展趋势的产品。

2. 趋势产品的特性

像冰箱、电视机、洗衣机、空调、个人计算机、手机等产品，它们在出现的时候都属于趋势产品，普遍具有以下五个特性：

第一个特性：代表今后的发展趋势（行业或政府主导的方向）。比如，微软公司推出的Windows视窗操作系统，后成为计算机世界的行业标准，更代表了之后发展的方向。

第二个特性：独一无二（技术独特、理念独特）。

第三个特性：差异性。

第四个特性：产品适用面广，适用范围宽。

第五个特性：日常必需品，生命周期无限长。比如，电视机。它开创了一个新的娱乐空间，丰富了人们的业余文化生活，满足了大众的精神需求，多方面、深层次地影响着每一个家庭。

第二节　趋势产品的定位

随着生活节奏加快，人们的生活方式日新月异，很多公司的产品都在追求个性化、用户定制，因为我们普遍的观点都是有一千个观众就有一千个哈姆雷特，每个人的需求都不一样，没有一款产品可以满足所有人。所以，企业趋势产品的设计不仅要具备产品使用的功能性，更要符合未来人群的生活方式和潜在审美需求。因此，企业生意人应真正地探索中国市场、切实地分析中国消费者行为习惯、自信地进行顶层设计，从消费共性中出发，设计出能抓住用户的共性，洞察人性的产品。这不仅是出于企业自身的需要，也是出于行业内的需要，更是引领中国行业的发展趋势。

1. 满足人性隐形需求中的“懒惰”心理

大部分人可能都会说：我很勤快啊，哪里会懒惰呢？既然懒是人性，相信每个人都有，只是程度不同、表现不同。这可以从外在表现来看，主要体现在：宅、怕麻烦、不想思考、拒绝新事物、拖延症、依赖、从众、选择困难等。可以说，懒惰是人性中外在行为表现最多的一种。也有人说“宅”“选择困难”是因为穷，没钱导致只能待在家里不能去旅游、去血拼、去健身房，没钱导致要比较半天，造成选择困难。但是俗话说得好，

“勤劳致富”“勤是摇钱树”，可见钱是要通过辛勤劳动获得的，不勤劳所以没钱，不勤劳不就是懒惰吗？因此，企业生意人可以从人性中懒惰的基因中提炼出这些产品需求：简单、自动化、可选择少、不改变习惯、展示内容少、操作步骤少、所见即所得、开箱即用、功能精简、内容分类展示，等等。基本上能帮助人减少体力和脑力消耗的产品，都是在满足人类的懒惰。

举个两个例子：

大家都知道，传统遥控器一看就给人头皮发麻的感觉，将很多一辈子不用或是使用概率非常小的按钮都摆出来了。其实看电视时使用遥控器，一般情况下眼睛都是盯着屏幕的，如果需要仔细寻找遥控器上的按钮再来控制电视，这个体验是不好的，而且遥控器体积大、笨重，感觉既增加了脑力消耗，也增加了体力消耗。因此遥控器是需要盲操的。后来遥控器就将各种按钮做了最大化的精简，保留了最常用的功能按钮，其他的功能则是通过菜单键在电视屏幕上完成。体积也非常的轻巧，完全满足盲操的需求，孰优孰劣一看便知。

大家都非常熟悉淘宝网和京东网两家国内电商平台。“淘，不出手心”是对懒惰最好的诠释。以前买东西，可能需要穿戴整齐，乘坐交通工具，货比三家，最后自己再把东西拿回家。有了移动电商 App（手机软件），只要窝在家里，手指点点就可以等着商品送上门，简直是懒人的福音。

2. 满足人性隐形需求中的“贪婪”心理

“贪婪”也是一种很明显的人性，这里所说的贪婪，就是企业生意人用所设计的产品以尽可能小的投入获得尽可能大的回报。它主要体现在：赌博、占小便宜、侥幸心理、猎奇、投机、不知满足等。

一般而言，这种贪婪主要表现在对物质、钱财上的追求。基于这些外在表现，企业生意人可以提炼出这些产品需求，如抽奖、赠品、折扣、收益率、优惠券、积分等。基本上满足人们投机、占小便宜心理的产品都不缺市场。

比如，彩票这类产品。它可能是利用人类贪婪心理最极致的例子了，让产品的购买者抱有用极小的投入获得极大回报的希望。而各种金融产品、保险理财产品等也是通过收益率来撩拨人性中的贪婪。

又比如，抽奖。它看似是一种营销活动，但它本身也是一个产品，大部分情况下都是利用消费者贪小便宜的心理。

再比如，QQ 偷菜游戏曾经风靡一时，它也是抓住了人们占小便宜的心理，别人种得美美的蔬菜被自己偷走，仿佛这种小小的贪婪能获得快感。

3. 满足人性隐形需求中的“虚荣”心理

任何一个人都有虚荣的心理，正如著名心理学家弗洛伊德所说：“一个人做事的动机不外乎两点，性冲动和渴望伟大。”而渴望伟大其实就是虚荣，具体到外在的表现形式，像寻赞、炫耀、哗众取宠、逞强、希望出人头地、渴望被奉承等。基于这些外在表现，企业生意人可以提炼出消费者对产品的需求：如排名、人气、限量、VIP、饥饿营销、个性化定制、粉丝群等。

奢侈品天生就是用来满足人类虚荣心的。几乎各个领域的产品都有对应的奢侈品，从常见的衣服、首饰、包包、豪车、别墅，到电子产品、食物、服务等。总之，多贵的东西都会有人买。

当有钱的人越来越多，奢侈品已经被很多人拥有的时候，个性化、独一无二的定制产品就更能体现虚荣。比如，你的衣服、鞋子是独一无二的，那么自然虚荣心大增。这些产品也是抓住了人类这样的心理。又如，限量版的跑车，也是满足人类虚荣心的产品。

这是人类对物质方面的虚荣，此外，人们还有对精神上的虚荣。例如微博的粉丝量、打游戏的排名等，都可能被用来攀比。包括朋友圈里各种晒，如美食、游玩、健身、聚会、知识等，其实大部分晒的本意都是通过展示自己的“优质”生活来满足虚荣心。

4. 满足人性隐形需求中的“嫉妒”心理

有这么一篇文章，大意是对两只雌性黑猩猩做实验，让它们完成相同的任务，雌猩猩 A 得到的奖励是一串葡萄，雌猩猩 B 得到的奖励是一截黄瓜，结果雌猩猩 B 很不高兴，扔掉了黄瓜。

其实，人类的嫉妒心也是无处不在的，虽然有时候不会像实验中的猩猩表现得那么明显。如果说虚荣是“自己有，要展示出来”，那么嫉妒就是“自己没有，看不惯别人有”。嫉妒的表现有：各种比较、讽刺挖苦、恶搞、冲动消费、争强好胜、八卦等。基于这些表现，企业生意人可以提炼出消费者对产品的需求：排名、人气、评论、屏蔽拉黑、推荐、比分等。

比如，在聊天软件中时常有各种各样的表情，一些带有讽刺意味的表情很受欢迎。虽然这类表情在真实的聊天环境下可能是表达轻松搞笑，其实也是对人微妙嫉妒心的小小释放。

再如，影视作品其实也是一种虚拟产品，我们可以看到很多钩心斗角的戏剧收视率很高。人类一般不愿意外露自己的嫉妒心，所以影视作品中对嫉妒心的充分表达，有助于释放观众的嫉妒心。这和很多人喜欢看暴力、打斗影视作品的道理是一样的。

另外，嫉妒心在排名和等级上也会表现得很明显。当别人的名次高，等级高，你排在后面时，很可能就会有嫉妒心，想追赶。很多产品，特别是游戏类的产品就会利用玩家这个心理，从而让玩家购买更多的道具，产生相互超越的现象。

5. 满足人性中隐形需求的安全心理

中国人普遍缺乏安全感，似乎已经成为一种共识，从整个大的社会环境来看，食品安全问题的凸显，自然环境的进一步恶化，房价的居高不下，以及人与人彼此之间的不信任等，而这为企业生意人提供了商机，可以设计让大众满足安全感需求的产品。日本也曾提出“一件可以用 100 年的产品”的口号，这意味着渴望“一件可以用 100 年的产品”的消费理念正在悄然兴起，企业将迎来以安全感产品研发的爆发期。因此，企业生意人在产品设计中必须紧紧抓住消费者的心态和心理安全趋向。比如在家具产品消费者的调查中，有 44% 的受访者在购买家具时会关注材料是否属于无毒无害，这个比例在购买儿童家具时更高。因此，在设计上，此趋势体现为在材质上追求真实的材料，或最能体现其本质的 CMF（即色彩、材料、表面处理）设计。根据相关的木材偏好的调查显示，发现受访者对清漆和半开放漆流露出明显的喜爱，这也是最能裸露木材真实纹理的表面处理。

6. 满足人性中隐形需求的喜好心理

任何产品的开发设计，如果得不到消费者的喜爱，这样的产品只能消失于市场。因此，在对企业产品的开发设计上，应充分认真把握好消费者对所开发产品的喜好心理，这也是决定产品是否成功的一个重要方面。

（1）产品设计要满足功利性和目的性。

产品的艺术性与纯艺术的美有所不同，纯艺术的美是无功利、超凡脱俗的，而产品设计的艺术性是依附在实用性上的，与人的需要息息相关。特别是在物质文明发达的今天，提供基本功能已成为一种基本需求，人们选择产品或服务的着眼点，更多是感情和社会地位上的认同。

（2）产品设计要满足高层次的情趣体验。

产品设计中的情感是一种综合性、交互性的情感体验。特别是那些与人能发生直接交互行为的设计（产品、环境），设计中的情感在很大程度上是来自人与产品、环境的交流，人的情感在与产品的交流中产生，能给人易用、方便、审美愉悦的就被人们喜爱，反之就会令人生厌。例如，音响发出的噪声小，在播放音乐时就能使人更好地享受音乐的快感；噪声大就会令人生厌。汽车的空间大使人感觉宽敞舒适，空间小就拥挤，会影响到人的情绪。

（3）产品设计中要满足多种层次认同。

设计艺术中的情感具有多种层次性，既包含了那些直接通过感知引起的人们生理变化，从而导致人们产生的情感。也包含那些通过与社会相联系，而产生的更高层次的情感——理性的情感，例如审美、道德、理智等。

人看到漂亮的汽车造型，就会有一种愉悦感，这种感觉是外部刺激视觉的直接感知，是一种低层次的感知。如果是中国品牌，你会有一种民族自豪感。这种多层次的情感体验提供了多种可能性，设计师可以根据产品的功能、属性和档次以及目标用户的偏好等因素进行有针对性的设计。例如针对孩子可以激发基本情绪，以愉悦、好奇为主；对于女性，可以激发审美情感、自我表现的情感；而对于知识层次较高的人士，可以激发理智的情感体验。

总之，只有企业生意人将产品设计重点放在注重物体情感的倾诉，注重与消费者之间的精神交流，才能在经历了产品的消费时代后，进入情感产品的消费时代。

第三节　消费者参与趋势产品设计

这是一个个性张扬的时代，凡是最贴近消费者日常生活的产品，对个性化的要求更高。因此，在个性化产品日趋繁多的时代，让消费者参与产品设计的做法，能给企业设计的产品及行业的发展带来新的机遇。

首先来看三个例子：

例 1：微软公司在将 Windows 2000 操作系统推向市场前，曾邀请了 65 万位顾客对其进行 beta 测试（由软件的最终用户在一个或多个用户场所进行的测试，开发者通常不会在场）。这项研发投资为微软创造了 5 亿美元的价值。

例 2：通用汽车在推出自己的新款 SUV（运动型多用途汽车）"悍马 H3"时，采用了一种新的方式来获取灵感：邀请 481 位普通司机分成 5 组，对汽车的外形和内饰的图纸提意见。4 位通用的设计师仔细地听取意见，并对图纸进行修改。当悍马 H3 上市时，购买者就可以看到消费者和设计师共同合作的结晶。

例 3：荷兰豪华汽车制造品牌"世爵"拥有超过百年的历史，一直保持着品牌独特的风格。他们生产的跑车全部为手工打造，多项指标采用 F1 标准。作为知名的极品豪华运动汽车制造商，世爵的目标是运动汽车市场最高端的用户，所以世爵制造的贵族运动汽车完全依据客户的需求量身定制。在制造过程中，公司能够通过视频随时为客户提供其定制汽车的生产状态的图像，让客户了解汽车从设计到制造的每个环节，并且依据客户的要求，制造商迅速做出修改和反馈。

看，这就是让消费者参与趋势产品设计的最大价值。

对于很多消费者来说，在很多情况下，希望参与产品的设计过程。他们希望与企业进行交流，以确保可以获得满足自身需求的产品，而不仅仅是那些“设计天才”认为可以畅销的产品。所以，为什么不去获得消费者的帮助呢？让消费者参与产品的设计过程，成为协同设计者，有助于确保企业生产出消费者需要的产品。

以下三种方法可以将消费者转变成协同设计者。

1. 通过关注消费者的潜在需求来进行趋势产品设计，然后引导新需求

任何企业在进行产品设计时，首先是关注顾客的需求，这也是企业迈出的第一大步。比如：

华纳－兰伯特制药公司（Warner－Lambert）在研发清凉李施德林漱口水（Fresh Burst Listerine）的过程中，就发现了对消费者进行观察的意义。

为了获得反馈，公司委托的一家调研公司向37个家庭支付报酬，以便获准在其浴室安装摄像机。尽管李施德林的使用者及其竞争产品Scope的使用者都宣称，他们使用漱口水的目的是保持口气清新，不过，调研公司发现实际情况没这么简单。Scope的使用者往往先将漱

口水含入口中，不久便将它吐出；李施德林的使用者则会将漱口水含在口里很长一段时间。有一位使用者曾含着李施德林漱口水上了车，过了一个街区才将它吐入下水道。这些发现意味着使用者仍然偏向于将李施德林漱口水作为药物看待。

再比如，去车展观看汽车厂商推出的概念车型时，一定会有人在背后注视着你。大众汽车公司就利用车展上获得的信息反馈，对其 Microbus 概念车的设计进行了改进。参观者告诉大众公司其设计的 Microbus 过于简陋，所以大众为其增加了不同材质的更大且更软的座位。

当然，也可以通过观察顾客的行为而产生伟大的想法。许多公司，如乐柏美（Rubbermaid）、吉列（Gillette）、百得（Black & Decker）和 3M，更热衷于通过对顾客进行观察，而不是直接向他们提问来获取反馈。企业的调查人员会在商店里对顾客的购买行为进行观察，甚至是到顾客家中拜访以了解他们使用产品的方式。

2. 根据消费者的潜在需求进行定制趋势产品

消费者的人性化的需求在一定程度上促进了生产技术的革新。今天，越来越多的顾客热衷于亲自动手配置自己想要的产品，包括电脑（如戴尔）、自行车（如 Cannondale）、维生素（如 Acumin）等，且那些能够展现顾客个性的产品大有市场。

例如，以 Reflect. com（宝洁旗下的互动性网上商务美容公司）所取得的成功为例。这家公司提供了超过 30 万种化妆品的配置（甚至是个性化套餐）供女士们选择，并能够在 7 天内将定制的化妆品交付到顾客手中。

提供满足消费者需求的产品有助于培养顾客的忠诚度，并大大降低企业的库存。

Lands' End 服装公司曾推出了一种名为“Lands' End Custom”的服务，使得消费者可以以 54 美元的价格购买到为其定制的斜纹棉布裤。公司要求消费者在线输入其要求的服装规格，如男士需要输入上衣尺寸、身高和体重；女士则需要输入身高、体重和胸围。另外，公司也会询问消费者的体型，如臀部和大腿的比例。公司的软件系统会根据这些信息为消费者计算出裤子规格，然后将这些尺寸规格通过网络发往位于墨西哥的工厂，工厂配备的电脑控制的机器根据订单裁剪面料。两三个星期后，消费者就可以收到厂家发出的裤子。

3. 通过消费者的反馈进行趋势产品开发设计

将消费者引入产品开发流程需要花费大量的时间和金钱。不过，借助网络，企业可以以非常经济的手段及时获得消费者的反馈，尽管目前只有少数企业正在利用这种媒介。

例如，菲亚特汽车（Fiat）就借助其公司网站，让用户对其下一代 Punto 车型的需求进行评估。消费者可以对这款车型的风格、舒适度、性能、价格、安全特性等指标进行优先级排序。他们也可以指出这款车型最令他们不满意的地方，并给出改进意见。然后，他们可以选择车身风格、车轮样式，以及车头和车尾的样式，并在电脑屏幕上看到自己的“设计”。最后，公司软件系统会提取客户的最终反馈结果，并记录他们的选择顺序。

通过这种方式，菲亚特公司 3 个月内就获得了超过 3000 份的反馈。内容涉及各个方面，包括在车内配备雨伞架；设计一款前排只有一张长椅的车型，等等。公司为这项调查仅花费了35000美元，这在市场调查领域实在是一笔很小的数目。

借助网络获取用户反馈具有诸多显著的优势。消费者可以舒舒服服地待在家中提供反馈，因而响应时间最短；企业可以方便地对调研工具进行修改，或为用户提供它的多个试验版本，从而一天24小时不停地收集顾客的反馈；调研人员可以接触到大量、分散的目标客户。由于消费者是以匿名的方式进行反馈，反馈的信息也将更为真实；由于系统可以自动完成数据收集工作，且避免了编译错误，获取反馈的成本相较于传统的调研方法也大大降低了。

这种基于网络的调研方法，对于企业产品的成功与否具有重要的价值。以服装和装饰品行业为例。通常，生产商生产多种款式的服装或装饰品，然后发给零售商进行销售。在获得市场数据之前，没有人能预测哪种款式会畅销或滞销。在一切成为既定事实之后，让消费者通过钱包来进行市场反馈，对企业而言是代价高昂的。如果企业能在进行大批量生产之前，就让消费者挑选出可能滞销的产品，企业就可以对产品加以调整，从而节省大量的成本。

总之，让消费者参与设计意味着企业要与消费者进行沟通。企业应该明白一个道理：有时，出于好意你不得不残忍，所以一定要让消费者自由地表达他们的好恶（只要有足够的时间对产品进行改善）。尽早获得反馈有助于企业最终提供满足消费者需求的产品，这对供应商和消费者而言都是双赢的策略。

第四节　注重趋势产品的个体性与差异性

第二次世界大战以后，设计提倡的是民主，强调每个人都必须平等，这种平等在初期时的积极作用显而易见，但是发展到后期，过分清一色的平等，抹杀了个性的存在，抹杀了个体与个体之间的基本差异。所谓清一色的平等，只能够创造出一种表面上的假象，并不能真正满足每个人的需要。

因此，可以预测，个体的独特性将成为新世纪设计发展的主题，每个人不同的个性与才能将得到承认，儿童、老人、女性、身体残障人士等，他们不同的需要都将得到满足，特殊人群与正常人群之间的界限将不再存在，因为每个人都是特殊而独立的个体。所以，在产品设计时将更多注重个体性与差异性，在产品设计时不应再坚持使用百分比标准值作为数据依据。技术的进步将为我们提供强有力的支持，让我们有能力创作更灵活、更多样化的设计，满足消费者的需求，而不是旧有的规格化和标准化。

所以，根据消费者的需求、个人偏好和差异性，为其提供有充分价值内涵、能够满足其特殊消费需求和个人偏好的产品，这也是企业生意人设计趋势产品所必须注重的。

1. 个体性产品开发是未来发展的趋势

2004年日内瓦车展上展出的沃尔沃YCC概念车，正预示了个体性产品开发时代的到来。该车定位于那些具有独立工作意识，拥有高级车的女性消费层。这部车的设计小组全部由女性组成，以女性特有的视角进行了设计，主要的目的是为了便于女性驾驶。针对女性用车时的特殊要求，YCC做出了许多相应的设计：考虑到女士在途中遇到困难时更需要及时地救助，YCC的远程信息系统更为完善；驾驶座椅靠头的部分有意做成凹陷状，以保护美丽的头发不受压迫；考虑到女性驾驶者的鞋跟高度的变化，YCC采用可调节高度的踏板，使女性驾车者能够享有最佳的驾驶姿势；考虑到女性购物时东西较多，车内存储空间非常灵活；内饰非常个性化，车内座椅外套与地毯均可随车主的偏好与时尚潮流的转变而变等。

近年来，定制酒也开始逐渐出现于大众的视野之中，如国窖1573、五粮液、茅台、水井坊、景芝、杜康、诗仙太白等高端定制礼品酒开始在高端人群中流行开来。

再如，大街上可以看到各式各样的LOVIS VVITTON（路易威登）品牌产品，从侧面也反映出该品牌的影响力，其与MINI（迷你）汽车的合作则被誉为史上最时尚的一对搭档，充分体现了设计定位个性与差异性的完美表达，LV的张扬与MINI的个性形成统一，并结合完美。MINI（迷你）汽车特别使用了深棕色泽的消光漆面，营造出宛如皮革般的视觉效果，搭配数以千计的手工消光金装饰图腾，视觉效果就宛如LV皮件。

2. 通过产品差异化建立竞争优势

要想在市场中取得竞争优势，生存下来，就必须做跟别人不一样的产品。哪怕只有一点点不同，也可能在市场中体现出自己的价值和优势，从而赢得利润。如果总是一味地模仿别人，别人做什么，自己就做什么，那么将在市场中失败则不言自明。因此，生意人转换思路，从消费者的角度出发，不仅要更好的产品，而且是要不一样的产品，并形成产品的差异化，从而获得机会发展的空间。

大家都知道，红牛饮料非常有名，其市场地位无法被撼动。很多竞争对手看到饮料市场这么大，想从中分一杯羹，更想超过红牛，但这些竞争对手多是些复制者、模仿者。红牛的包装是 8. 3 盎司灌装，它们也大都采用这种规格。但“恶魔”跟其他的竞争者有所不同，它采取的是和红牛不一样的包装规格，它直接推出了 16 盎司大瓶装的包装，从而真正形成了差异化，也形成了巨大的竞争优势。接下来饮料市场将可能是“恶魔”的天下，尽管现在市场上红牛占据着统治地位。

总之，创造趋势产品是一种推动文化发展的手段，它与科学技术的发展是相辅相成的。当下，趋势产品不仅仅是产品，而且已经成为人们生活的重要组成部分。

第六章

生意场上，用前瞻意识抢占“零竞争”市场

纵观古今，任何成功企业都是以市场为导向来制定企业经营方针和战略的，市场需求什么，企业就提供什么，来满足整个市场的需要，这样才能抢占市场的制高点。

第一节　生意人的眼光要“鹰”准

成功的生意人，必须有极强的洞察力、高远的目光，才能在风险与机会共存的市场环境中嗅到商机，第一时间开发出市场，从中大获其利。

1. 犀利的洞察力

大量的商业实践表明，生意人的洞察力与生意的利润成正比。

美国零售业巨头西尔斯百货公司能成为美国最大的百货公司，与其当家人犀利的洞察力是分不开的。

1925 年，西尔斯百货公司原副总裁伍德通过分析美国人口发展趋势敏锐地发现，随着汽车业的迅猛发展，私人拥有的汽车将越来越多，而大城市已无法提供那么多停车的地方了，人群将会大量流向效区。汽车的发展将为商业零售方式带来一次革命，迫使城市作为商业中心的地位下降，而郊区将会得到更大的发展。于是，伍德毅然做出了一个重大的决策：西尔斯百货公司转向郊区发展。他们趁当时空地多，土地租金低，别人的公司还没有发现此商机，快速地在郊区建立了自己公司的市场优势。伍德作为一个能洞察商品零售业发展趋势的商人，使西尔斯公司得以快速发展壮大。现在它拥有 850 家零售商店和14个邮购中心，不仅是美国最大的百货公司，还逐步发展到加拿大和欧洲。

犀利的洞察力是发现真金所在、成就公司的未来的利器。那些独具洞察力的生意人，能看得到一个省，就能做一个省的生意；看得到外国，就能做外国生意；看得到天下，就能做天下的生意。

19世纪80年代，约翰·洛克菲勒已经以他独有的魄力和手段控制了美国的石油资源，这一成就主要受益于他从创业中锻炼出来的洞察能力和冒险胆略。1859年，当美国出现第一口油井时，洛克菲勒就从当时的石油热潮中看到了这项风险事业的良好前景。他在与对手争购安德鲁斯－克拉克公司的股权时表现出了非凡的冒险精神。拍卖从500美元开始，洛克菲勒每次都比对手出价高，当达到5万美元时，双方都知道，标价已经大大超出石油公司的实际价值，但洛克菲勒满怀信心，决意要买下这家公司。当对方最后出价7.2万美元时，洛克菲勒毫不迟疑地出价7.25万美元，最终战胜了对手。

年仅26岁的洛克菲勒开始经营起当时风险很大的石油生意。当他所经营的标准石油公司，通过激烈的市场竞争，控制了美国市场炼制石油90%的份额时，他并没有停止冒险行为。

19世纪80年代，利马发现一个大油田，因为含碳量高，人们称之为“酸油”。当时没有人能找到一种有效的办法提炼它，因此一桶只卖15美分。洛克菲勒预见到总有一天能找到提炼这种石油的方法，坚信它的潜在价值是巨大的，所以执意要买下这个油田。当时他的这个建议遭到董事会多数人的坚决反对，但洛克菲勒说：“我将冒个人风险，自己出钱去购买这个油田，如果必要，拿出200万、300万美元。”洛克菲勒的决心终于迫使董事们同意了他的决策。结果，不到2年时间，洛克菲勒就找到了炼制这种酸油的方法，油价由每桶15美分涨到1美元。标准石油公司在那里建造了当时世界上最大的炼油厂，盈利猛增到几亿美元。

“眼光决定未来”，谁能成为先觉者，高瞻远瞩，先行一步，谁就能在21世纪成为行业中的佼佼者。

1945年，第二次世界大战刚结束，郭芳枫预见到大战之后，马上就会有一个医治战争创伤、重建家园高潮的到来，建设物资肯定会出现短缺。根据这种估计，他立即投入资金，收购战争剩余物资，如五金、建材等。后来发生的情况果然如他所料，五金、建材供不应求，价格持续上涨。战争剩余物资的交易给郭芳枫带来了巨大的财富，1948年，丰隆公司成为新加坡著名的、实力雄厚的商业大机构。

郭芳枫并没有陶醉在经营战争剩余物资的成功之中，又开始谋划下一步棋了。郭芳枫预计随着经济的恢复，建工厂和住宅需占用大量地皮，地价将会上涨，于是他把注意力逐步转移到房地产上来。他把看好的地皮一块块买进来，准备再高价卖出去。收购来的地皮大多是地理位置好的地块，这些地皮的价格一年年上升，到了20世纪70年代，地皮的身价已经翻了几番。

后来，郭芳枫又及时把单纯的地皮买卖转变为房地产买卖，并为此专门建立了丰隆实业有限公司，对早期收买的地皮进行全面的、有效的经营投资，陆续把它们建设成现代化的居住区和商业办公大楼，坐落在地理位置优越的罗敏中路的丰隆大厦就是其中的一座。房地产投资也给郭芳枫带来了巨大的利润。

最能说明郭芳枫具有犀利的洞察力、善于把握时机的例子还有，1957 年，郭芳枫看准了随着建筑热潮的到来，必然会带来水泥需求的膨胀。于是，他联合三井和黑龙两家公司共同创立新加坡水泥工业，并在 1961 年正式投入生产。当该厂的水泥投入市场时，正值新加坡房地产业发展最旺盛的阶段，产品供不应求。

如今，丰隆公司集团有几十家不同的企业分布在新加坡、马来西亚、中国香港和英国，经营的范围有制造、贸易、经销、酒店、房地产、造船、保险、金融等行业。

现在，作为新加坡丰隆集团主席、世界著名的银行家的郭芳枫，他的生意遍布全球五大洲。1983 年，美国最有影响的金融杂志《投资者》上，郭芳枫位列世界上最富有的银行家的第二名。

2. 高远的眼光

在瞬息万变的市场竞争中，成功的企业经营者总是能够胸怀大局、目光高远，能够在全局上长远地考虑问题，能够在变化中把握局势发展的大方向，争取战略上的主动和优势，继而可以从小到大，从弱到强，做出一番成功的事业。

被誉为香港“街市大亨”的周起鸿，最初经营的“鸿福南货店”发展相当迅速。可是，周起鸿却越来越感到小店束缚了他的理想和才干，他应该在更广阔的天地里大展身手。于是，他把南货店卖了，甩开双手去寻找新的发展起点。

正在这时，一个好机会幸运地落到了周起鸿的头上。香港有个名叫罗信的英国商人，为了发展香港大坑渣甸山的购物中心，到处搜罗人才。听说周起鸿颇有经营才能，他主动打电话邀请周起鸿到他新开发的地区来发展。周起鸿爽快地答应下来，立即筹集资金，在渣甸山上开了一家南货店。可是，渣甸山是一个全新的环境，几个月下来，周起鸿就赔了不少钱。于是他找到罗信，请教他。

罗信说：“你的失利是因为套用了过去的老经验、老办法，你应该到渣甸山上看看，应该是用什么办法。于是，周起鸿对这里的商情重新进行了深入调查，发现这一带不是开小店的地方，商场越大越好赚钱！他断然决定去承包大商场。罗信积极支持他的想法，于是，周起鸿包下了云景道商场，没有多久生意就做得十分红火。

商场的业务走上正轨，周起鸿又想去干更大的事业了。平时一有空闲，他就在附近的街市上闲逛，研究各家商店的经营状况。紧接着，周起鸿做出了一个惊人的决定——承包整条街市！精明的罗信闻讯拍手叫好。于是，罗信通过关系，设法让周起鸿承包下置富花园街市。

不久以后，这条整修一新的大街竟魔术般地变了模样。白天，楼馆亮丽，特色鲜明；夜晚，彩灯缤纷，五彩斑斓。周起鸿的“大手笔”赢得了香港政府和民众的一致喝彩。由此，置富花园街市成了香港数一数二的繁华街市。

周起鸿乘胜追击，一鼓作气又承包下了沙田马鞍台街市、马鞍山恒耀街市、青衣长发村丰佳街市，成了香港家喻户晓的“街市大亨”。

从以上案例中可以看出，只有不断地勇于进取，拥有最长远的目光，最超前的意识，最强的行动力，才能在生意场上独领风骚，迈向生意事业的最高峰。

第二节　生意人的头脑要“新”

清代商人胡雪岩说过：“做生意，头脑一定灵活，切不可吊死在一棵树上。”所谓做生意要灵活，就是指头脑不断有“新”的发现，不能死守一方天地，要能根据具体情况当机立断，做出反应，从而不断拓展，大胆发展，成就一番事业。

1. 做生意要灵活，切中市场要害

众所周知，在生意场上，温州人敢闯敢为，在别人不屑一顾的那些领域，不声不响地富了起来，特别善于从旁人漫不经心的事儿中挖掘出赚钱的契机，而且绝不在一棵树上吊死。见到什么市场前景好，认准了立即调转枪口投资。从服装、皮衣、皮件，到建材、陶瓷、灯具、印刷、电器，等等，一个温州老板在他的投资生涯中可以涉足数个不同的领域。温州老板没有不敢投资的行业，只要能带来利益，没有不敢去投资的地方。

叶世光是1995年到南京投资的温州商人，当时他看重的是南京众多的人才以及南京人的厚道，但投资什么心中无数。他注意到当时南京的饮食、休闲很火爆，便多次去消费，了解他们的消费结构。与此同时，他看中南京城南闹市区夫子庙一幢在建的高楼，并多次

与该楼发展商洽谈租赁事宜。但最终他还是放弃了这个行业，因为他感到消费热点不一定是投资热点，往往市场越火，投资越要谨慎，他往往在市场的空当及矛盾中发现新的经济增长点。就在他想开办公司租房子时，他注意到当时南京办公房很难租到，并且价格也高。于是，他决定投资数千万元开发中低档的商务中心。这一招果然击中市场要害，他的诺亚商务中心建成后，由于市场定位准确，一经招商，立即吸引了许多中小公司入住。几年下来，出租率始终保持在95%以上。与此相对应的是，目前南京大量高档写字楼因为租金太贵而闲置。

2. 做生意要反应快速，发展市场需求

每个人都知道，有需求就有商机。但是，市场需求在哪里呢？怎样寻找市场需求呢？

这一点正是生意人必须要精通之处。温州商人谢福烈说过：“我从来不炒作新概念，也不搞什么包装策划，更不屑玩弄玄虚。我们修房、建商场，唯一考虑的就是市场和老百姓的需要。”

结婚是每个人的终身大事，婚庆市场的蛋糕是巨大的。但是，只要有利润，马上就会有很多跟进者。在当今婚庆市场中，能够提供婚礼服务的公司越来越多，怎样才能在僧多粥少的市场中寻找新的商机呢？

随着婚纱摄影的兴起，几乎每一对新人都会拍婚纱照。但是，问题也就来了，清一色的背景使许多新人倍感遗憾。结婚毕竟是人生的大事，怎样才能与众不同呢？

新人们对婚庆求新、求奇、求变的心理，使他们已不满足于在市区周边地区进行婚纱拍摄，这就让经营婚纱摄影的商人们看到了其中的商机。

孔卫国是“三W”摄影店负责人，在国庆节到来之际，他们率先推出了香山情缘婚纱、福建海景婚纱等套餐，颇受年轻人的喜爱。仅一个月的时间，预定该类套餐的新人已经达到40对，占到九月店里营业额的一半。

依依婚纱影楼也曾推出去新疆天山拍婚纱照的业务，短短四五天就有近30对新人报名。

薇薇新娘影楼则推出了征集100对新人游玩香港迪斯尼、拍婚纱照的活动。拍摄婚纱照和旅游结合在一起，可以让新人们体验到新鲜又有情趣的感觉，成为婚纱摄影的新卖点。有些影楼还筹划推出前往西藏雪域高原拍摄婚纱照的业务。

尽管这种线路的外影拍摄需要耗费较多的人力物力，价格相当于普通的拍摄十来倍，但是，仍然受到新人们的追捧。

西门子之父维尔纳·冯·西门子说过：“我的选择总是以大众的利益为前提，但到了最后总是有利于我自己。”精明的温州人正是从消费者的需求出发，时时考虑消费者的利益，结果，消费者也给他们带来了巨大的财富。

第三节　生意人的意识要有前瞻性

善于审时度势，敏锐地把握市场机遇，是生意人必须具备的能力。对于生意人来说，只有想不到，没有做不到；只有敏锐地透视未来，准确地预测市场走势，才能先人一步取得成功。

10 年前，日本人古川久好只是一家公司地位不高的小职员。有一天，他看到报纸上有这样一条报道：“现在美国各地都大量采用自动售货机来销售货品，这种售货机不需要雇人看守，一天 24 小时可随时供应商品，而且在任何地方都可以营业……”古川久好开始在这上面动脑筋，他想：“日本现在还没有一家公司经营这个项目，这项生意对于没有什么本钱的人最合适。我何不趁此机会经营这个新兴产品呢?”

于是，古川久好就向朋友和亲戚借钱购买了 20 台自动售货机，设置在酒吧、剧院、车站等一些公共场所，开始了他的新型事业。古川久好的自动售货机第一个月就为他赚到 100 多万日元。他再把每个月赚的钱投资于售货机上，扩大经营规模。5 个月后，古川不仅连本带利还清了借款，还净赚了近 2000 万日元。

一些人看这个生意很赚钱，也都跃跃欲试。古川又产生新的创意，马上改为制造自动售货机。他自己投资成立工厂，研究制造“迷你型自动售货机”。古川久好的自动售货机上市后，反应极佳，立即以惊人之势开始畅销。没几年工夫，这种经营方式在日本的城市里普及开来。古川久好也因制造自动售货机而发了大财。

成功的生意人总是具有市场前瞻意识，能够看到别人没有看到的市场。所以，在各种资讯“爆炸”的今天，随着技术更新速度的加快，作为生意人，如果能早在其他人之前掌握市场趋势，取得先发优势，则更容易在市场竞争中获得胜利。

曾经辉煌的企业，由于没有及时察觉到技术带来的市场变化，也从原来的市场垄断者变成了破产者。这种情况，可以从美国财富500强的企业排名看到，有些原来的百年企业已经从名单中消失，企业更新的速度变得越来越快。那么，当今的社会环境下，生意人要如何把握市场趋势，做到对市场有前瞻性的预测呢？

1. 多采集有用信息

当今，社会处于一种信息爆炸状态，人们每天可以看到各样的广播，所以就更需要仔细筛选，吸收和消化一些有利于事业成长的信息。比如，美国关注乐队市场服务的公司Sonicbids的创始人兼CEO——Panos Panay，他喜欢让自己通过阅读沉浸于一个话题中，他会在早上拿出一个小时，睡觉前再拿出一个小时来阅读，并把此列入其日程中。Sonicbids创建于1999年，在此之前，Panos Panay读到一本关于互联网与公司发展的书，也正是这本书，给了他创建Sonicbids的灵感。

从这个例子可以看出，积极采集、吸收有用信息，可以极大地推动个人事业发展。

2. 要站在一定高度看事业的发展趋势

要想顺利地挣钱，就要有对机会的敏锐的洞察力和有前瞻性的分析力，不能光看眼前利益，而要把目光放远些，超越所从事的业务，并看到其今后的发展趋势。只有事事走在别人前头，才有抢占机会的优势。

万向集团董事长鲁冠球，年轻时曾担任公社农机修配厂负责人，他的作坊生产的是犁刀、铁耙、万向节、石蜡铸钢；10 年之后，鲁冠球集中力量生产汽车万向节；1983 年，他承包了万向节厂；1988 年，他以 1500 万元向宁围镇政府买断万向节厂股权，组建了私营企业；1993 年，“万向钱潮”股票在深圳上市；1997 年，万向集团成为向通用公司供货的第一家中国内地企业；2000—2001 年，鲁冠球一口气吃下了三家上市公司，在中国证券市场悄然构筑了一个“万向系”；2001 年 8 月，鲁冠球又收购了美国纳斯达克上市公司 UAI，开创了中国乡镇企业收购海外上市公司的先例。

一个农民只用了 20 多年时间，使自己成为一个大老板，使一个农机修配厂变成大集团，其关键性的因素就是：敏锐发现并获取机会的能力。挣大钱的这些人可以说是经商天才，那么，他们对商机的预测到底是怎么来完成的呢？那就是：洞察市场变化，在研究其发展规律基础上，不断超越所从事的业务，准确地把握目标和发展方向，从而引领市场潮流并抢先占据有利地位，使自己立于不败之地。

市场不是静止的，老的客户会慢慢淡出，年轻一代将慢慢成为产品消费的生力军，关注年轻人的想法，可以帮助你的企业永远站在最前沿。所以，在市场经济快速发展的今天，即使一些趋势没有影响到自己的业务，也要看看身边有哪些趋势正在发生。保持对周围事情的敏感，会让我们看见那些潜在的可能发生的商机，从而也方便我们及时调整战略，从而实现财富的积累。

3. 在别人做之前，革新方式

在经营过程中，生意人仅囿于已有的经验和方式，而忘了客户需求是时刻变化的，社会也是在不断发展的，这往往会造成生意上的被动。所以，生意人必须从意识上去革新。

山东省夏津县崔楼二手纺机集团，成立于2000年，占地总面积1.2万平方米，拥有员工60余人，主要经营各种型号的清花机、轻钢联、梳棉机、并条机、粗纱机、细纱机、气流纺纱机、精梳机等二手纺织设备，从事全国各地的二手设备的调剂等，并与国内大型纺织企业合作。

随着市场竞争的逐渐加剧，传统单一的经营模式已经不能满足公司的发展，公司负责人叶总开始寻求新渠道的拓展。拥有前瞻意识的叶总开始考虑网上电子商务。

起初，他对互联网电子商务这个渠道持半信半疑的态度，开始只是在上面尝试发布供求信息和查看其他会员的供求信息。慢慢地互联网的优势开始凸显，公司的业务因为互联网拓展到全国各地。

2006年，叶总选择了与Feijiu网合作，并且加入了中废通。叶总说："Feijiu网是我们从事废旧生意人的非常好的一个综合平台，在这个平台上，汇聚了业内的很多知名企业。我们通过搜索不仅可以搜到很多关于纺机设备的信息商机，还可以找到很多大型的企业。通过Feijiu网，我们与石家庄的常山股份、棉一、棉二、棉七还有晋州的企业获得了合作。”

叶总无疑是非常聪明且具前瞻性的，互联网电子商务开展的越早，就越有可能在电商市场上占领一块高地，现在看看那些发展的很好的企业都是最早开展电子商务的。叶总不仅搭上了互联网二手纺机生意的早班车，还紧紧抓住了时代的脉搏，很快在同类企业中脱颖而出，迅速崛起！

从上面可以看出，对于任何一个生意人，一定要关注方方面面的信息的获取，或许从这些信息中，就能获知即将到来的发展趋势。

第四节　生意人行事要果敢

丘吉尔曾经说过："勇气很有理由被当作人类德性之首，因为这种德性保证了所有其余的德性。"这里所说的勇气，就是一个男人的行动力，指男人行事要临危不乱、处变不惊、力排众议，要有破釜沉舟的决断力。没有做出决断的勇气，谈不上行动上的果敢。

科学表明，行动力对于男人成功的重要性，已经远远超出了智商。一项对 1048 名男性经理人进行的能力测试发现，行动力指数的高低是一个男人事业成功与否的重要参数，其次是情商，再次才是智商。

1. 做生意在合适的条件下要敢于冒险

很多生意人想挣大钱，但总是有太多顾虑，面对未来的许多不确定因素，他们不去想"一万"，总去想"万一"，越想越可怕，结果无数的可能性就在这种犹豫和等待中化为乌有。

也有些生意人，担心再度创业失败，失去了现有的稳定利润。但对于想要做大做强的生意人来说，有时候需要豁出去，"舍不得孩子套不住狼"，不然是赚不了大钱的。当然，"孩子"舍出去了，也并非一定套得住"狼"，赔钱的事完全可能发生。不过要相信，能力是在实践中锻炼出来的，多一些经历，无论如何总是好事，总比原地踏步好。做生意，必须敢于冒险，敢闯敢干，只要合乎法规，胆子大一点儿不为过。男人的冒险精神是最稀有的资源，但冒险并不意味着逞能逞勇，强行蛮干，这一点一定要清楚。

张思民是一个敢冒险行动的生意人。从中信公司辞职后，张思民义无反顾地选择自主创业，主攻海洋生物，抢占高新技术阵地。他面对的是个高风险和高收益的大战场。“险”和“大”正是张思民所刻意追逐的，这也是体现他生命价值的标识。

1990 年，张思民把目光投向了房地产业，他先在广东惠州买下一块地皮，建成公寓后又全部售出，赚回了一笔资金。1991 年，张思民做出了一个差不多是他有生以来的最大冒险，他在深圳南山区买下一块地，准备建造一幢规模宏大的“海王大厦”。张思民的举动遭到了全体董事会成员的一致反对，因为这项计划大胆且近乎孤注一掷。

当时公司的全部资金只有几千万元，而建造这幢大楼至少需要耗资 2.5 亿元。海王集团自创建以来，一直走的是一条负债经营的路子，资金大进大出，摊子四面铺开，这种经营方式虽然风险极大，但在国际上却被视为具有活力的标志。张思民看到这一点，他坚信公司的信誉和深圳的未来，决心孤注一掷，贷款营建“海王大厦”。“海王大厦”于 1991 年年底破土动工，1992 年年底基础工程全部完工。

后来张思民在谈及这件事时说：“大胆产生勇气，多疑产生恐惧。在挣钱过程中，绝没有十全十美、稳赚不赔的正确方案，有的只是成功的信心和冒险行动的准备。”如今，海王集团已发展成为中外闻名的集科、工、贸、文化于一体的现代化企业集团，旗下拥有各种类型的公司达 36 家，并在深圳、北京、海口、青岛等全国八个城市设立了自己的基地和分部，拥有固定资产近十亿元。

最能挣钱的常常是那些敢于抓时机、敢于适度冒险的生意人。格蒂无疑是这其中的典型代表。

1893年，格蒂出生于美国的加利福尼亚州。1914年毕业返回美国后，他最初的意愿是进入美国外交界，但很快又改变了主意。

当时美国石油工业已进入方兴未艾的年代，一种野心勃勃的创业精神鼓舞着年轻的格蒂到石油界去冒险。他想成为一个独立的石油经营者。于是，他向父亲提出请求，希望父亲投资给他到外面去挣钱干事业。

但他父亲提出一个条件，投资后所得的利润，格蒂得30%，他本人得70%。作为父子，这个条件也许太苛刻了，但格蒂爽快地答应了，他有他自己的打算。格蒂向父亲借了一笔款项之后，便径自走出家门，独自来到俄克拉荷马州，进行他的第一次冒险事业。

1916年春，格蒂领着一支钻探队，来到马斯科占郡石壁村附近，以500美元租借了一块地产，决定在这里试钻油井。工作开始后，他夜以继日地奋战在工地上。经过一个多月的艰苦奋战，终于打出了第一个油井，每天产油720桶。格蒂说："我最初的成功，多少是靠运气。"因为他打第一口井就打出油来了，而有许多的石油冒险家曾经倾家荡产都未得到一滴石油。就在这年5月，他和他父亲合伙成立了"格蒂石油公司"。不过，虽说是合伙，他仍得遵循父亲原先提出的条件，只能收取这个公司30%的股益。即使如此，他的腰包里也依然财源滚滚。就在这一年，他就赚取了第一个百万美元，而他当年仅23岁。

1919 年，格蒂转到加利福尼亚州南部，进行他新的冒险计划。可惜起初的努力失败了，在这里打的第一口井竟是个干洞，未见滴油。但他不甘失败，又买下了另一块小田地的租用权，决心继续再钻。然而，这块小田地实在太小了，不过比一间小小的房屋的地板略大一点，而且只有一条狭窄的通路可进入此地，载运物资与设备的卡车根本无法开进去。格蒂采纳了一个工人的建议，决定采用小型钻井设备。他和工人们一起，从很远的地方把物资和设备一件件扛到这块狭窄的土地上，然后再用手把钻机重新组合起来。当时，他的办公室就设在泥染灰封的汽车上。经过了一个多月奋战，他们终于在这里打出了油。

随后，格蒂移至洛杉矶南郊，进行新的钻探工作。这是一次很大的冒险，因为购买土地、添置设备以及其他准备工作已花去了大笔资金，如果在这里不成功，那么，他已赚取到的财富将会毁于一旦。为此，格蒂亲自担任钻井监督，每天在钻井台上战斗十几个小时。打入 3000 米，未见有油；打入 4000 米，仍未见有油；当打入 4350 米时，终于打出油来了。不久，他又完成了第二口井的钻探工作。这两口油井，就为他赚取了 40 多万美元的纯利润。这是 1925 年的事情。

冒险行动一次次地获得成功，促使格蒂去冒更大的险。

1927 年，他在克利佛同时开四个钻井，又获得了成功，他的收入又增加 80 万美元。这时，他建立了自己的储油库和炼油厂。1930 年他父亲去世时，他个人手头已积攒下数百万美元了。

随后的岁月，机遇也常伴随于格蒂身边。他所买的租田，十之八九都会钻出油来。而且，他的事业也一直顺风满帆，直到成为世界驰名的富豪。

现代社会，冒险行动本身就是生意成功与否的重要一环，敢不敢冒险不仅是选择也是判断标准。有得到就必须有付出，机遇不会平白无故地降临到那些一味讲求稳妥的人，在它们刚降临到商海之中时，就被那些敢于冒险的生意人先行抢走了。

2. 做生意要当机立断，有魄力

如果把人生、事业、财富比作一座座大山，那么当机立断，有魄力的人就会把每一个困难都当成一次挑战，把每一次挑战都当成一次机遇，并最后傲立巅峰！而缺乏行动力的生意人，只能在后悔声中仰叹不已。

当初只能做几百元生意，摆地摊的“无业”男人，十年后却成为了大老板，那是因为他的魄力结出来的果。是的，面对他的成就，其他的生意人都不服气，会说当初我要是做，一定会比他赚得更多。不错！你的能力或许比他强，你的知识或许比他多，你的经验或许比他丰富，可是你当初为什么就不敢去做呢？这就是胆识的问题，也是魄力的问题。为什么面对同样的机遇，别人敢闯敢干，功成名就，赚了大钱，而你只有“愤青”的份儿呢？

中国香港立信建筑置业公司的创始人霍英东，在香港居民的眼中是个“奇特的发迹者”。“白手起家，短期发迹”“无端发达”“轻而易举”“一举成功”，等等，这些议论将这个男人的发迹蒙上了一层神奇的色彩。霍英东的发迹真的神秘吗？不。他的成功是因为他有一个可贵的品质，那就是不错过任何一个机会来发展自己的事业，能当机立断，敢于做出决断。

20 世纪 50 年代朝鲜战争停战以后，霍英东慧眼独具，看出了香港人多地少的特点，认准了房地产业大有可为，于是果敢地倾其多年的积蓄，投资到房地产市场。这无疑是比较大胆和冒险的行为，如果失败，他可能会血本无归、倾家荡产。但幸运的是，他赌对了。1954年开始，他着手成立了立信建筑置业公司，每日忙于拆旧楼、建新楼，又买又卖，大展宏图。用他自己的话说，他“从此翻开了人生崭新的、决定性的一页”！

在他以前的房地产业，都是先花一笔钱购地建房，建成一座楼宇后再逐层出售，或按房收租。这种方法虽然稳妥踏实，但对于事业的快速发展却颇为不利。霍英东通过反复思考后想到了一个妙招，即预先把将要建筑的楼宇分层出售，再用收上来的资金建筑楼宇，来了一个“先售后建”。这一先一后的颠倒，使他得以用少量资金办了大事情。原来只能兴建一幢楼房的资金，他可以用来建筑几幢新楼，甚至更多；同时，他又能有较雄厚的资金购置好地皮，采购先进的建筑机械，从而提高建房质量和速度，降低建造成本。更具竞争力的是，他的楼宇位置比同行的更优越，而价格却比同行的更低廉。而且，有时他还采用分期付款的预售方式，使人人都能买得起。

霍英东的做法的确高明，他开创了大楼预售的先河，成就了房地产全新的经营模式。为了推广先出售后建筑的营销模式，霍英东率先采用了小册子及广告等形式广为宣传。他说：“我们开展各种宣传，以便更多的有余钱的人来买，譬如来港定居或投资的华侨、侨眷、劳累了半生略有积蓄的职员、赌博暴发户、做其他小生意胀满荷包的商贩，都可以来投资房产。谁不想自己有房住？只有众多的人关心它、了解它、参与它，我们的事业才有希望。”霍英东的广告效果颇为不错，立信建筑置业公司在短短的几年里所营建，所出售的高楼大厦就布满了香港、九龙地区，打破了香港房地产买卖的纪录。这个既不是建筑工程师出身，又非房地产经营老手的年轻人，在不长的时间里便成了赫赫有名的楼宇住宅建筑大王、资产逾亿万的大富豪。

现在，霍英东名下的公司有60余家，大部分都经营房地产生意，或与房地产关系密切。由他担任会长的香港地产建筑商会，经营着香港70%的建筑生意，他也成了声名显赫的楼宇大王。

霍英东的魄力和果敢的行动力成为他挣钱的利器，特别是他开创的“先售后建”的销楼模式，改变了房地产业原有的格局，成为了后来房地产行业的一大标准，也成就了生意人挣钱的新范式。

第七章

生意场上，需要不断提升好的知名度

俗话说：“精诚所致，金石为开。”做生意就像交朋友，大家在一起，和睦相处，拳拳相报，这样一传十，十传百，自然而然做生意的局面就打开了。

第一节　着“金装”，高标准要求生意人的行头

有人以为，做生意经商，只要懂得生意经就行了，着装如何又有什么关系呢？其实不然，社会对商人内在的情操和外在的装扮都有一个无形的标准。在选择合作对象时，经常有人把商人的情操和装扮形象的适度性作为衡量取舍的标准，尽管各个阶层的人群并不一定都有颇高的情操，穿戴未必都那么合体，但他们要求商人对自己严格，对别人宽容，任劳任怨，欲而不贪，富而不骄，威而不猛；要求商人的外表符合身份，有品位。他们对于一个装扮另类、举止轻浮的商人，是很难给予信任的。

成功的生意人，在赚钱的套路上各有各的招数。赚钱的多少，表明商人的价值与能力，而花钱能表现出商人的品位与修养。一个商人大把大把地去花钱，却不能在正规的场合穿合适的衣服，就表明商人的品位需要提高。商人乱穿衣，有可能会失去社会的信任，失去商业的机会，失去财富的来源，这决不是危言耸听。因此，在每个商业活动中，商人要高度重视并保持个人的良好形象。这也是美国商人希尔成功的潜规则。

美国商人希尔在创业之初，就意识到了穿着对人际交往与成功办事的作用。他清楚地认识到，商业社会中，一般人是根据一个人的衣

着来判断对方的实力的。希尔想创办一本杂志，但是没有资金，需要一位出版商的支持。为此，希尔找到当地最好的裁缝，赊账定做了三套昂贵的西服，共花了275美元，而当时他的口袋里仅有不到1美元。然后他又买了一整套最好的衬衫、衣领、领带、吊带及内衣裤，而这时他的债务已经达到了675美元。

每天早上，他都会身穿一套全新的衣服，在同一个时间里，同一个街道，同某位富裕的出版商“邂逅”，希尔每天都和他打招呼，并偶尔聊上一两分钟。

这种例行性会面大约进行了一星期之后，出版商开始主动与希尔搭话，并说：“你看起来混得相当不错。”

接着出版商便想知道希尔从事哪种行业，因为希尔的衣着所表现出来的这种极有成就的气质，再加上每天一套不同的新衣服，已引起了出版商极大的好奇心，这正是希尔盼望发生的情况。

希尔于是很轻松地告诉出版商：“我正在筹备一份新杂志，打算在近期内争取出版，杂志的名称为《希尔的黄金定律》。”

出版商说：“我是从事杂志印刷及发行的，也许我也可以帮你的忙。”

这正是希尔所等候的那一刻，而当他购买这些新衣服时，他心中已想到了这一刻，以及他们所站立的这块土地，几乎分毫不差。

后来，这位出版商邀请希尔到他的俱乐部，和他共进午餐，在咖啡和香烟尚未送上桌前，已“说服了希尔”答应和他签合约，由他负责印刷及发行希尔的杂志。希尔甚至“答应”允许他提供资金并不收取任何利息。

发行《希尔的黄金定律》这本杂志所需要的资金至少在3万美元

以上，而其中的每一分钱都是希尔从漂亮衣服所创造的“幌子”上筹集来的。

希尔的成功很有力地证明了穿着对一个人办事所起的巨大作用，如果当初他根本不注重衣装，那么那位出版商肯定连看都不愿看他，更不会帮他出版杂志了。

世上早有“人靠衣裳马靠鞍”之说，一个人若有一套好衣服配着，仿佛可以把身价都提高了一个档次，而且在心理上和气氛上也能为自己增强办事的信心。聪明的人切莫怪世人“以貌取人”，人皆有眼，人皆有貌，衣貌出众者，谁不另眼相看呢？因此，在这方面稍下一点功夫，办起事来会事半功倍。

1. 讲究衣着配色、款式艺术

俗话说得好：佛靠金装，人靠衣装。做生意的第一步是与顾客建立关系，要给顾客留下良好的第一印象。而要留下良好的第一印象，便得先从自己的形象塑造开始。

一名成功的商人，在衣着装扮上，首先应该讲究配色艺术。

对于色调的搭配和选择，每个人都有自己的偏好，可以反映出一个人的年龄、性格、爱好、职业习惯等。心理学研究表明，色彩能引起人的情绪变化，对人的心理影响很大。一般来讲，红色热烈，橙色兴奋，黄色鲜明，绿色清新，黑色沉静，蓝色庄重，紫色神秘，白色简洁。

以红色为代表的色系，能引起人们的兴奋，热烈情绪，称为积极的色彩。

以蓝色为代表的色系，则给人一种沉着、平静的感觉，称为消极的色彩。

对于服装的色调，给人一种整体协调的感觉就是一种美，因此着装要特别注意色调的搭配。

就色彩本身而言，协调搭配法是指同类系色相配或近似色相配，这样使人看着顺眼、舒适、平和，而创意性的搭配方法则是强烈色相配或是对比色相配，这样看上去鲜明、醒目、引起人的注意，给人与众不同的感觉。

不同的色彩搭配法，所产生的效果是不同的，给人的印象也是不同的。如果一件衣服上混杂了多种色彩，或使用太复杂的图案，这只会使人感到累赘而不简洁。所以，在生意场上，要根据不同的场合需要，选择适当的合理的色彩搭配方法。

对于一个善于用服装装扮自己的生意人，在选择服装时，对款式的要求是非常严格的，既要适合自己的体型，又要与自己所追求的风格统一起来。而对于一般不是非常精通于装扮的生意人来说，要使衣着有品位、有风度，那么款式一定要以简洁大方为原则。流畅的线条，简单的样式，配以高级的面料，才能达到令人满意的效果，才能在生意场上不拘一格、与众不同。

总之，合乎场合的装扮可以帮助生意人在经商过程中无往不胜。

2. 选择效果好的服装穿着

男性生意人一般在商务活动中最常穿的是西装，也就是商务西服套装，一般为上衣和裤子两件套，有些时候还会多一件马甲变为三件套。除此之外，还要配上衬衫、领带、皮鞋、袜子和皮带。

现在的商务西装趋向简单，但对于面料、剪裁以及着装礼仪依然非常讲究。西装的基本款式有单排扣（single breasted）和双排扣（double breasted）两种。欧洲人偏向于选择双排扣的西装，而亚洲人则多选择单排扣的款式。单排扣西装也有不同数量的纽扣，作为商务西装，多以单排两粒扣或单排三粒扣为主。

商店里，西装的款式、颜色以及衬衫、领带等西装配件很多，如何选择最合适的商务着装呢?

首先要了解你所在单位的企业文化与着装要求，了解你经常走访的企业、机构的文化。除此以外，还要考虑你是不是会参与一些较正式的商务活动。

（1）西服。

剪裁得体的西服套装（suit），可以选择藏蓝色、灰色、黑色、米色、棕色或者带有暗条纹的。

在庄重、正式的场合中，男士应该着正式商务装（Formal Business Attire），即西装应该是深色的，一般来说，藏蓝色适用于正式商务场合，而黑色西装则更适合商务正式晚宴或聚会。

（2）配饰。

系领带时，衬衫的纽扣务必全部系上，一个不落。领带的颜色应该比衬衫的颜色深一些。打好的领带长度应该恰好到皮带扣上。如果西装和衬衫看上去比较平淡，可以系一条有图案的领带，但不要太过花哨。

男士商务着装全身衣着的颜色加起来应保持在三种颜色之内。

穿西装裤时要系上皮带，皮带要选择质量好的，颜色要与衣服相配。通常，穿藏蓝色、灰色或黑色的西装裤，适合配黑色皮带；米色或棕色的西装裤，适合配棕色的皮带。皮带扣的金属颜色可以是金色或银色的。其他金属配饰，比如手表、袖扣等，应该与皮带扣的颜色一致。

男士至少应该有两双质量好的皮鞋，皮鞋的颜色要与皮带一致。正式场合最好穿系带的皮鞋。皮鞋的鞋跟和鞋底不能是橡胶质地的，最好是皮质地的或木质地的。

袜子的颜色可以选择与皮鞋同色或接近的颜色。对于职业男士而言，公文包的颜色应该和身上其他的皮具保持一致。

（3）衬衫。

白色的长袖衬衫是搭配西装最好的选择，其次是浅蓝色带有细致的条纹或小格子图案的衬衫。

有领扣的衬衫（button - down collar）只适合于较随意的场合。

衬衫袖口应露出西装外约 1 ~ 2 厘米；衬衫衣领应高出西装衣领 0.5 ~ 1 厘米。这样既美观又可以起到保护西装的作用。

3. 装扮出好的形象

商业活动中，生意人给人的初步印象，将成为今后交往的起点和依据。所以，每一个在生意场里的人都必须保持良好的个人形象。

（1）清新、有活力的发式。

干净、整洁的头发，可以给人以清新、有活力的感觉。所以，千万不能顶着一头蓬乱的头发去面见客户，要准备好无香型的保湿啫喱水，抹在干净柔顺的头发上，制造出保湿效果，这样的头发看上去好像半小时之前刚洗过的一样，给人一种湿润亮泽、清爽宜人的感觉。

（2）简洁、干净的领口。

对于领口的式样选择，应该选择体现效率与创新精神的领口式样，例如简单的半立领式，领子呈不对称的半开放式设计，不对称的领口常常给人以“领先意识”与“创新精神”的双重好感。对称的领子给人以严谨而尊贵之印象，但不能给人以意外的惊喜，也不能给人以深刻印象。

（3）套装色与肤色相配。

如果对自己的服装搭配经验和能力没有更多的把握时，套装是最保险的服装。但一定要注意，套装的颜色不能选错，否则结果会比选错款式更糟糕。穿上了相克色，常常使人显现出保守、萎靡、拘谨之态。一个生意人最适合何种颜色的套装，一定要请教色彩调配师，色彩专家和有经验的朋友，这是确立个人着装风格的第一步。

（4）鞋子有时代风尚。

对于生意人来说，穿什么样的鞋子是非常重要的一件事，因为它能表现出干净干练的专业素养。尖头鞋给人一种过于时尚的印象，显得太过于个性，缺乏合作的诚意。而流线型的鞋底则能给人以潇洒亮丽的好印象，一种对职业游刃有余的优越感。所以，生意人一定要选择流线型的鞋底，以塑造出一种文雅敏捷的气质。

总之，人靠衣装马靠鞍，大方得体的着装不但可以展现出生意人的品位、素养，还能赏己悦人，更会在生意场上起到非常重要的作用。

第二节　生意场上，博学显智慧

在商业活动中，一个生意人如果在交际合作过程中表现出一副“白丁”的样子，是会被对方看不起的，更是生意场上的大忌。因为，如果对方对做生意的人就没有好的看法，自然而然就不会对产品有兴趣了，正所谓厌乌及乌就是这个道理。所以，在谈生意过程中，生意人一定要显示出自己不是“一般人”，这样才可能提高生意的成功率。在商场上如何通过社交谈话做到游刃有余地应对，同时让人高看一眼，是生意人必须认真面对的问题。

说话和别的行为不同，内容有高低层次之分，也分水平的境界高低。会说话的人，不会说太多，只说到恰如其分，因为他们掌握了一定的技巧，谙熟说话的规则；他们深思熟虑，说出的话颇具匠心；他们惜话如金，从不乱说，说则必有大用。精于说话的人，不再拘泥于条条框框，说出的话雅俗共赏；他们运用起语言来随心所欲，常常可以出人意料，化腐朽为神奇。他们之所以能达到这种程度，是因为他们懂得如何说话，是用心在说话，是用智慧在说话。

1951 年，在北京举行的一次记者招待会上，一位西方记者问时任外交部部长陈毅同志：“贵国最近打下了美国制造的 U－2 型高空侦察机。

请问陈毅先生，你们用的是什么武器？是导弹吗？”这种场合，以“无可奉告”拒绝回答是有损国家形象的，但涉及国防机密，也确实不能实话实说。这时，陈毅同志举起双手在头顶做了个动作，说道：“记者先生，美国飞机经不起导弹打，我们是用竹竿子把它捅下来的呀。”

可见，陈毅同志是用智慧说话的人。

1. 在交谈中，展现表达的智慧

在生意谈话中，如果一味地过于坦率是会造成致命伤的。但千万不要误解，这不是鼓励说假话，而是讲一种语言表达的智慧问题，一种适当展示自己能力的艺术。那么，如何在交谈中展现表达的智慧呢？我们一起看看下面的例子。

有这样一个善于巧妙回答他人问题的人。例如：

如果有人问他：“你可曾读过《堂吉诃德》？”

他会回答：“最近不曾读过。”

实际上，他根本没有读过，然而谁会大煞风景去破坏融洽的谈话，真的去追究他有没有读过呢？

还有一次，有人问他可曾读过但丁的《神曲》中的地狱篇，他回答道：

“英文本没有读过。”

同坐的人听他这么一说，不禁肃然起敬。他这句话会让人产生三种误解：他读过这诗篇；他精通14世纪的意大利文等；他是文学纯粹主义者，不屑读翻译本。他的这种回答真是太高明了，在无形中炫耀了自己，真是太有智慧了。

作为生意场上的商人，应该从这个案例中仔细品味其中的智慧，提升自己的表达能力。

2. 在交谈中，展现博学的形象

古人云："山不在高，有仙则名；水不在深，有龙则灵。"在交谈过程中，如何引起对方的兴趣，愿意倾听你讲话，是生意人需要考虑的问题。

（1）寻找安全性的话题。

提前预备几个极有趣的话题，侃侃而谈，但言辞必须含糊不清，只有专家能知道你在瞎扯。这里有一些外国专家给出的建议，可以做一下参考：

比如，量子物理学。就深奥模糊而言，这题目是数一数二的——连爱因斯坦都会感到胆怯、吃力，因为这个话题最重要的部分叫"不确定性原理"。有位物理学家最爱以"这个世界的本质"为题，讲些令人费解的话，然后看到周围的人个个满脸疑狐、不知所以，便忍不住偷偷发笑，你可以学学他。

比如，死海古卷。几十年来，只有少数圣经学者能接触到这些古代经文并加以研究。他们不让别人看，也许是因为他们还没琢磨出古卷中文字的真正意思。

比如，谈某位不太出名的历史人物。选择的历史人物不必有什么精彩的秘闻趣事，然而如果不想再听某人喋喋不休地谈论当下的时政，这题目就很适合了。

你可以说："某某人怎么样了？"

对方可能会顿时茫然地问道："他怎么样？"

"你刚才说的全部可以应用到某某人身上。"你回答，"你看看他的遭遇，政客就是这样的。"

这时你一副煞有其事的样子，对方看到后，一定会摸不着头脑的。

(2) 用具有广泛含义的形容词。

如果有人对你一无所知的某本书、某出舞台剧、某部电影或某首音乐发表意见时，你应该这么说：

“他早期的作品，我喜欢，因为作风比较单纯、简洁。”或者说：“我喜欢他后期的作品，因为比较成熟，符合我的品位。”

总之，无论对方是否认同，你都不能表示对对方所说的内容一无所知。

(3) 说一些历久弥新的见闻趣事。

实际上，在某个节骨眼上，你不必发表长篇大论，只需要讲出一件人所未知的见闻趣事，就会有人相信你满腹经纶、才高八斗。例如：你记得某某有名的作家是哪个富豪家族哪一房的正室或偏室的表亲，然后再和人家讨论文学、商界动态、名人花边新闻的时候，装作漫不经心的样子提起。

(4) 表达别人无法反驳的观点。

在交际闲谈中，难免会有人问：“你认为如何？”或“你认为怎么样？”

如果你不想把真正的想法说出来的话，那么可以用以下三种方式来回答，而不会引起异议。

第一种回答：“那完全要看当时的情况而定。”

第二种回答：“这个是不能一概而论的。”

第三种回答：“在某些地方，情况会受环境因素而发生变化。”

需要注意的是，在回答对方问题的时候，一定不要过于肯定，要做到可信与不可信之间的程度，不要违背社会道德规定，也不能以谋取不当利益为目的，这样就会在无形中不知不觉地提升了自己的形象。

第三节　做个有魅力的生意人，提升形象

一个生意人要想成功，固然离不开能力的支撑，但魅力更重要。这种魅力，不仅是生意人的个性魅力，还包括生意人的人格魅力。

有着“现代派设计大师”“美国历史上前所未有的最优秀的建筑家”美誉的美籍华人贝聿铭，之所以能够在强手如林、竞争激烈的美国建筑界中脱颖而出，依靠的不只是超群的才华，更在于他温文尔雅、忠厚谦和、吃苦能干、热忱坦诚的非常人所能及的优秀的人格魅力。

个性魅力，是指人的言行举止所反映出来的自身素养，比如自古以来对人的姿态和举止所要求的：“站如松，坐如钟，行如风”。正确而优雅的言行举止，可以使人显得有风度、有修养，给人以美好的印象。

生意人要想在社会交往活动过程中给对象留下美好而深刻的印象，注重外在仪表的同时，高雅的谈吐和举止更让对方所欣赏。

所以说，拥有优秀的个人魅力，是一个生意人走向商业成功的根本保障。只有拥有强大的魅力，生意之路才能更加通顺，才能到达商业成功的目的。

1. 从举止开始，增加个性魅力

生意人的一举手一投足在生意场上非常重要，有时甚至只因一个小动

作而使谈妥的生意泡汤，因此，这就要求生意人在平时的生活里要有意识地锻炼自己，养成良好的行为姿态，做到举止高雅，风度迷人。

（1）站，要有站相，体现出生意人的精气神。

人的正常站姿，也就是人自然直立时站立的状态。要求头正，颈直，两眼平视，嘴、下颚微收；双肩平且微向后张，挺胸收腹，上体自然挺立；两臂自然下垂，手指并拢自然微屈，中指压裤侧缝；两腿挺直，膝盖相碰，脚跟并拢，脚尖张开；身体重心穿过脊柱，落在两脚正中。从整体看，形成一种优美挺拔、精神饱满的体态。如果不注意自己的站姿，就会使躯体产生一种习惯性畸形，常见的畸形有含胸、脊柱后弯、凸胸腆肚、探颈、视线高、扣肩驼背，造成缩颈耸肩、胸部发育不良、臂部肌肉下垂、膝盖突出、站立重心偏移，易产生塌腰、拱臂、O 形腿等。

在站立时，切忌无精打采、东倒西歪、耸肩勾背，或者懒洋洋地倚靠在墙上、桌边或其他可倚靠的东西上，这样会破坏自己的形象。站立谈话时，两手可随谈话内容适当做些手势，但在正式场合不宜将手插在裤袋里或交叉在胸前，更不要下意识地做小动作，如摆弄打火机、香烟盒，玩弄衣带、发辫，咬手指甲等，这样不但显得拘谨，给人缺乏自信和经验的感觉，而且也有失庄重。

（2）坐，要有坐相，体现生意人大方自然的气质。

人的正常坐姿，在其身后没有任何依靠时，上身应挺直稍向前倾，头平正，两臂贴身自然下垂，两手随意放在自己腿上，两腿间距与肩宽大致相等，两脚自然着地。背后有依靠时，也不能随意地把头向后仰靠，显出很懒散的样子，这就是我们常说的“坐有坐相”。在日常生活中，我们不可能处处这样端庄稳重。但是，为了保证坐姿的正确优美，就必须注意以下几点：一是落座以后，两腿不要分得太开，这样的坐法对女性来说尤为不雅。二是当两腿交叠而坐时，悬空的脚尖应向下，切忌脚尖向上，并上下抖动。三是与人交谈时，勿将上身向前倾或以手支撑着下巴。四是落座后应该安静，不可一会儿向东，一会儿向西，给人一种不安分的感觉。五是坐下后双手可相交搁在大腿上，或轻搭在沙发扶手上，但手心应向下。六是如果座位是椅子，不可前俯后仰，也不能把腿架在椅子扶手上，这是非常失礼的。七是端坐时间过长，会使人感觉疲劳，这时可变换为侧坐。八是在社交和会议场合，入座要轻柔和缓，直坐要端庄稳重，不可猛起猛坐，弄得座椅乱响，造成紧张气氛，更不能带翻桌上的茶杯等用具，以免尴尬被动。总之，坐的姿势除了要保持腿部的优美以外，背部也要挺直，不要驼背、弯胸。座位如有两边扶手时，不要把两手都放在两边的扶手上，给人老气横秋的感觉，而应轻松自然、落落大方。

（3）走，要注意走姿，体现生意人的高雅。

大部分人行走比站立的时候要多，而且行走一般又是在公共场合进行的，所以，要非常重视行走的姿态，给人以轻松优美的印象。

人正常行走时应当是身体挺立，两眼直视前方，两腿有节奏地向前迈步，并大致走在一条直线上，而非两条平行线。特别是女性走路时，如果两脚分别踩着左右两条线走路，是有失雅观的。行走时要求步履轻捷，两臂应自然、轻松地摆动，使自己走在一定的韵律中，步态自然优美，否则就会失去节奏感，显得非常不协调，看起来会让人很不舒服。

正确的走路姿势应是：轻而稳，胸要挺，头抬起，两眼平视，步度和步位符合标准。

（4）人前不要打哈欠。

在生意场上，当着对方的面打哈欠，会给对方留下不好的印象，认为你心不在焉。

当留下这样的印象给对方之后，那么你之前的言行举止很有可能被对方视为虚伪的自我炫耀。为什么这么讲？因为你的行为表现出没有把别人放在眼里。

（5）人前不要抖动双腿。

在生活中，我们会经常看见有人在他人面前抖动双腿，有时还伴随着上身的摇晃。而此时，其表情往往是得意扬扬的，丝毫不顾及在场的人的感觉。

对于生意场的人来说，这种行为千万不要有，否则会给对方一种情绪不好、自大的感觉，对生意是百害无益。

2. 培养自己的人格魅力

生意是人做出来的，一个处处受欢迎的人，他的生意自然要比别的同行好得多。如果要想超过别的生意人，在生意场上更加优秀，那么增强自己的人格魅力是当务之急。一般来说，想要成功就必须具备八种人格魅力。

（1）热情。

热情是性格的情绪特征之一。生意人要富于热情，在生意场上待人接物更要始终保持热烈的感情。热情会使人感到亲切、自然，从而缩短双方的感情距离，同你一起创造出良好的交流思想、情感的环境。但热情也不能过分，过分会使人觉得虚情假意，而对你有所戒备，在无形中下意识地就筑起了一道心理防线。

（2）开朗。

开朗是外向型性格的特征之一，表现为坦率、爽直。具有这种性格的人，能主动积极地与他人交往，并能在交往中汲取营养、增长见识、培养友谊。

（3）温和。

温和是人的性格特征之一，表现为不严厉、不粗暴。具有这种性格的人，愿意与别人商量，能接受别人的意见，也乐于倾听他人的建议，使别人感到亲切，容易和别人建立亲近的关系。但是，温和不能过分，过分则令人乏味，不利于交际。

（4）坚毅。

坚毅是性格的意志特征之一。生意人的工作内容是复杂的，实现生意目标总是与克服困难相伴随，所以，生意人必须具备坚毅的性格。只有意志坚定，有毅力，才能找到克服困难的办法，实现自己的生意目标。

（5）耐性。

耐性是能忍耐、不急躁的性格表现。作为生意人，在经商的过程中，会遭到各种情况，需要花费更多的时间和精力去处理。这时就需要有耐性，既要做一个耐心的倾听者，对别人的讲话表示兴趣和关切，又要做一个耐心的沟通者，使双方愉快地接受你的想法而没有丝毫被强迫的感觉，从而促使生意的合作成功。

（6）宽容。

宽容是宽大有气量，是生意人应当具备的品格之一。在社交中，生意人要允许不同观点的存在。如果别人无意间侵害了你的利益，也要原谅他。你谅解了别人的过失，允许别人在各个方面与你不同，别人就会感到你是个有气度的人，从而愿意与你交往。

（7）大方。

大方即举止自然，不拘束。在生意场上，一定要讲究姿态和风度，做到举止大方，稳重而端庄。不要缩手缩脚，扭扭捏捏；不要毛手毛脚，慌里慌张；也不要漫不经心或咄咄逼人。坐、立姿势要端正，行走步伐要稳健，谈话语气要平和，声调和手势要适度。只有如此，才能让人感到你所代表的企业是可靠和成熟的。

（8）幽默感。

拥有幽默感，即拥有有趣而意味深长的素养。生意人应当努力使自己的言行，特别是言谈风趣、幽默，能够让人们觉得因为有了你而兴奋，并能让人们从你身上得到启发和鼓励。

总之，“桃李不言，下自成蹊。”举手投足间尽显迷人风采的人们，必然会以其优美的举止言谈、高尚的品德情操，赢得更多人的喜爱，从而提升自己的魅力，为自己在生意场上拥有更为丰富的人脉资源打下基础，更为自己在生意场赢得更多的获得财富的机会。

第四节　树立个人品牌意识

“品牌”这个词，现在大家都是耳熟能详，它是近年来随着商品经济的发展而流行起来的热词，主要是针对已拥有了一定信誉并被公众认可的商品而言。一样的商品，打上不同的品牌，身价也大不相同。商品一旦建立了“品牌”，其价值就会水涨船高。如果品牌不响，做再大的广告宣传也无济于事。这就是为什么一些企业不惜代价创立品牌、发展品牌的原因。

实际上，人也有“品牌”。例如一谈到某位名人，我们就会联想到一系列与之相关的事情。在日常生活中，相信你一定听过某某人“很善良”、某某人“很滑头”的评价，这就是人的“品牌”！众人对你的评价好，说明你给人的印象好，表示你的“品牌”好，反之则“品牌”不好。

从这个角度来说，在做人方面，“品牌”与你的人际交往和你的事业是有很大关联的。那么，应该如何创造自己的“品牌”呢？

1. 提升在同行中的知名度

在生意场中，往来的几乎都是同道中人，既然是同行，所面对的客户自然都是一样的，也就是说大家都是竞争对手。虽然如此，在某些方面，大家还是拥有共同利益，站在相同立场的伙伴，如果忽视了伙伴的存在就无法在竞争中更好的生存。所以，拓展交际范围，利用多数人的智慧，保持着共同话题及目的与同行交往，才能在谈生意时占有优势，及早抓住机会取得成功。

生意人要积极地参加由同行举办的研讨会、旅行、宴会。交换名片之后，别忘了再积极地与之交谈，让对方记住你的脸孔与名字。之后有任何问题或疑问，都可以成为彼此交谈的话题，能再把握住见面的机会就更好了。如果能够利用这种方式在同行之中逐渐打出知名度，只要稍有进步就能很快地拓展自己的事业范围。

除此之外，在经济活动中，生意人还可以从这几个方面来提升自己的知名度：

（1）顾客在你公司没有买到想要的产品时，可以把他介绍到自己的竞争对手那里去。

北京同仁堂药店已有数百年的历史。晚清时期，时值政局混乱不堪，需要用药的人特别多。同仁堂因为自身名声在外，吸引来了大量的客源，一时间门庭若市，生意红火。但同仁堂在某项药物紧缺时，还会将顾客介绍到自己的竞争对手——其他的药店里去。如此，同仁堂不仅继续保持了大量的客源，并且在同行中也获得了由衷的赞美。

（2）对手的经营发生危机时，向对方伸出援助之手，而不是乘人之危，落井下石。

（3）做宣传广告时，不贬低对手。

（4）同行前来参观时，热情接待，任其观看。同行询问时，全面回答。

（5）和竞争对手保持一定的和谐关系，经常联络，上门探访，交流各种经营和商务信息。

正所谓“路让三分，天宽地阔”。生意人在做生意时，要保持一份大度、一份谦逊，秉持有利共享的生意原则，只有这样才能做到自己有利可图，同时让对手也有所收获。在不断地提高自身的知名度的同时，为公司的发展创造更好的条件。

2. 做自己的个人品牌

人的品牌和产品的品牌一样。产品只要质量高、款式好、价格实在，就一定能受到消费者的青睐，成为具有相当影响力的品牌。所以，做好个人品牌的意义非常大。

（1）不要有损于你的“品牌”。

不要有损于个人品牌，简单地说就是不要让人对你作出不好的评价，例如说你懒惰、喜欢投机、不正派、不忠、寡情、好斗、阴险……一旦有人对你作出一项或多项这样的评价，那么他人对你的信任程度必定会降低。即使你并不是那样的人，而在关键时刻，这些评价也有可能对你造成伤害。

要改变这种品牌印象不太容易，就像我们买东西上了当，以后就不信任那个品牌一样。而这些印象也常常是在无意间造成，人们常常以“一次印象”来评价一个人。因此，每个人为人处世必须特别谨慎，有时不慎形成瑕疵，便一辈子也洗刷不清。商品可以调换品牌，重新包装，人的声誉一旦受到损害可不太容易洗清。不过，由于人们对他人的印象和个人好恶有关，这可能造成在工作或生活中，有一些人特别不欣赏你，并且尽挑你的缺点。遇到这种情况也不要太放在心上，只要自己行得正、走得直，有一两个这种人也是正常的，但如果很多人都对你这样看，恐怕就值得你认真对待了。

（2）积极强化你的“品牌”。

积极强化个人品牌，也就是通过各种方法，去塑造你在别人心目中的印象，就像为产品做广告那样。人的品牌的广告有很多种做法，可以做一些引起他人注意的事情，使自己成为同行谈话的内容，但这种方法一般不太容易做，要做也得花不少心思，如果“操作”得不好更容易弄巧成拙，因此不鼓励这种做法。还有一些做法可以达到同样的效果，就是扬长避短，工作努力，发挥自己的长处，避免表现出短处。长处有目共睹，别人也就不太在乎你无伤大雅的短处了，例如你工作能力很强，但就是有些自私，大家也许就欣赏你的工作能力，而不在乎你的自私，就好比家电耐用品质好，人们便不太在乎耗电。于是，“工作能力强”便成为你的品牌，这个品牌也许会伴随你一生。

第八章

生意场上，倾听的潜威力

生意人要学会倾听，做好倾听，从倾听中获得有用信息，并在生意场中快速应用。

古希腊有一句民用谚语："聪明的人，借助经验说话；而更聪明的人，根据经验不说话。"西方也有一句著名的话："雄辩是银，倾听是金。"中国则流传着"言多必失"和"讷于言而敏于行"这样的济世名言。通过这些话，可以给我们这样的启示：在交往过程中，尽可能少说而多听。

一位擅长倾听的生意人，会通过倾听，从顾客、合作方那里及时获得信息，对其进行分析和评估，并快速做出决定，促进生意的成功。

善于倾听的生意人，能及时发现员工的长处，帮助员工提升自信心，加深彼此的感情，从而激发员工的工作热情与负责精神，以提高公司的效率。

注意倾听是给人留下良好印象的有效方式之一。许多生意人不能给对方留下良好印象，就是因为不注意听对方讲话。所以，在生意场上，学会倾听，是生意人经商成功的必经之路。

第一节　学会倾听，运用倾听的力量赢得顾客

古希腊哲学家苏格拉底说："上天赐给人两只耳朵、两只眼睛，却只有一张嘴，就是告诉后人：要多听多看少说。"寥寥数语，形象而深刻地说明了倾听的重要性。生意人在经商过程中，和顾客的交往需要双方的沟通、交流、讨论，善不善于倾听，关系着能否了解对方的想法和思路、能否赢得顾客的好感，以及能否与对方建立良好的生意关系，从而最终使顾客消费。

1. 倾听是重要的，也是必需的

这里所说的倾听，并不是指被动地接受，而是一种主动的行为。在倾听过程中，生意人不能只是机械地竖起耳朵，而应该使脑子不停地高速运转。当然，要很好地倾听对方谈话，并非像人们想象的那样简单。

第一，要求倾听者一定要心胸开阔，要抛弃那些先入为主的观念。只有这样，才能正确地理解对方讲话所传递的信息，准确把握讲话者的重点，才能认真听取、接受对方的不同意见。

第二，要全神贯注，努力集中注意力。倾听对方讲话，必须集中注意力，同时，还要开动脑筋，进行分析思考。由于心理上的原因，人的注意力并不总是稳定、持久的，它会受到各种因素的干扰。在一般情况下，人

们总是对感兴趣的事物才加以注意，还可能会受到信念、理想、道德、需求、动机、情绪、精神状态等内在因素的影响。除此之外，外界因素的影响就更多了，如对方的讲话内容，并不总是套在一定的框架里，有时出于某种需求，要掩饰主要内容，强调不重要内容；有时条理不清，内容杂乱，这些都会干扰和分散听者的注意力。因此，要认真倾听对方讲话，必须善于控制自己的注意力，克服各种干扰，始终保持自己的思维跟上讲话者的思路。

第三，倾听对方讲话时，还要学会约束自己、控制自己的言行，不要轻易插话、打断对方的讲话，也不要自作聪明地妄加评论。通常人们喜欢听赞扬的语言，不喜欢听批评、对立的语言。当听到反对意见时，总是忍不住要马上批驳，似乎只有这样，才说明自己有理；还有的人过于喜欢表露自己，过多地讲话或打断别人讲话。这不仅会影响自己倾听，也会影响对方对你的印象。

2. 倾听的技巧

生意人要学会倾听，善于倾听，也要善于创造对话的机会。也就是说生意人要采取策略方法，促使对方保持积极的讲话状态。作为一名优秀的生意人，必须掌握谈话的技巧，必须学会倾听、善于倾听。这是一个优秀生意人的基本技能。

（1）全神贯注，集中精力地倾听。

生意人在和生意伙伴对话时，要全神贯注地倾听对方讲话，同时，还要配以积极的态度去倾听。要避免出现心不在焉“开小差”的现象发生，即使自己已经熟知的话题，也不可充耳不闻。

精力集中地听，是倾听的最基本、最重要的方法。统计证明，一般人说话的速度为每分钟520～560个字，而听话及思维的速度，大约要比说话的速度快4倍。因此，往往是说话者话还没有说完，听话者就大部分都能够理解了。这样一来，听者常常由于精力的富余而“开小差”。但是，如果这时对方讲话的内容，与我们理解的内容有偏差，或是传递了一个重要信息，对听者来说就是聪明反被聪明误，后悔已是来不及了。因此，听者必须注意时刻集中精力地倾听对方的讲话，用积极的态度去听，而不是消极的，或是心不在焉地去听，这样才能达到倾听的目的。

倾听时，可以主动地与对方进行目光接触，并做出相应的表情，以鼓励对方继续说下去，比如可扬一下眼眉，或是微微一笑，或是赞同地点点头，亦或否定地摇摇头，也可不解地皱皱眉头，等等。这些配合动作，可帮助我们精力集中，帮助起到良好的收听效果。需要特别注意的是，在与对方交流过程中，对说话者的发言不太理解甚至难以接受时，万万不可塞住自己的耳朵，表示出拒绝的态度，因为这样的做法对谈判非常不利。作为一名生意人，应该养成有耐心地倾听对方讲话的习惯，这也是一个生意人良好修养的标志。

（2）通过记笔记来达到集中精力。

生意人在交谈过程中，最好记笔记。因为通过记笔记，一方面，可以帮助自己回忆和记忆，而且也有助于在对方说完之后，就某些问题向对方提出质询，同时，还可以帮助自己作充分的分析，理解顾客讲话的确切含义与所要表达的真实意图。另一方面，记笔记的行为，给顾客的印象是重视其讲话的内容，当你停笔抬头望望顾客时，又会对其产生一种鼓励的作用。谈判过程中，人的思维在高速运转，大脑接收和处理大量的信息，加上谈判现场的气氛又很紧张，所以，许多信息只靠记忆是办不到的。实践证明，即使记忆力再好也只能记住一个大概内容，有的甚至被忘得干干净净。因此，记笔记是不可少的，也是比较容易做到的用来清除倾听障碍的好方法。

（3）有鉴别地倾听发言。

生意人在专心倾听的基础上，要达到良好的倾听效果，最好采取有鉴别的方法来倾听对方的发言。通常情况下，在进行商业谈判时，双方都是边说边想，想到哪儿说到哪儿，表达一个意思要绕着弯子讲许多内容，从表面上听，根本谈不上什么重点突出。因此，生意人就需要在用心倾听的基础上，鉴别传递过来的信息的真伪，去粗取精、去伪存真，这样才能抓住重点，达到良好的听的效果。

常言说："锣鼓听声，听话听音。"会不会倾听，能不能听出对方的"音"，听了能不能做出正确的分析和判断，能不能找出对方的"软筋"或"破绽"等一系列问题，都要求生意人不仅要善于倾听，还要善于在不显山露水的情形下，启发对方多多地说，详细地说，让他们把要说的话、想说的话尽量都说出来。生意人在对方说的时候，不要打断对方，不要怕"冷场"。当顾客处在一种"言多有失"的警觉状态下时，要尽力地"谆谆善诱"。生意人在倾听了对方的意见后，要从对方说话的神情、讲话的速度、声音的高低、说话的思维逻辑等方面，判断出对方是一个什么类型的人，还要尽量判断出对方的真实意图和底线，然后根据自己的原则立场，拿出一套应对的谋略。同时，生意人还要随着对方策略的转换而转换自己的商业策略，或者是设法把对方思路引到自己的策略中来。这样才能于谈笑风生之中，掌握主动权。

（4）克服先入为主的倾听做法。

先入为主地倾听，往往会扭曲说话者的本意，忽视或拒绝与自己心愿不符的意见，这种做法实为不利！因为这种生意人不是从对方谈话者的立场出发来分析他们的讲话，而是按照自己的主观框框来听取对方的谈话，其结果往往是听到的信息变形地反映到自己的脑中，导致生意人接收信息不准确、判断失误，从而造成行为决策上的失误。

（5）注意不要因轻视对方而抢话、急于反驳。

一般人在轻视他人时，常常会自觉不自觉地表示在行为上，例如出现谈话中抢话的现象。抢话不仅会打乱别人的思路，也会耽误自己倾听对方的全部讲话内容。因为在抢话的同时，大脑的思维已经转移到如何抢话上去了。这里所指的抢话是急于纠正别人说话的错误，或用自己的观点取代别人的观点，是一种不尊重他人的行为。而且，抢话也会阻塞双方的思路和感情交流，对创造良好的谈话气氛非常不利，对良好的收听更是不利。

另外，轻视对方有时也会出现在没有听完对方讲话的时候，就急于反驳对方某些观点的现象，这样也会影响到收听效果。事实上，如果对对方的讲话听得越详尽、全面，反驳起来就越准确、有力。相反，如果对对方谈话的全部内容和动机尚未全面了解时就急于反驳，不仅使自己显得浅薄，而且常常还会使己方在谈话中陷入被动，对合作十分不利！因此，生意人在商业对话中不管是轻视对方，还是急于抢话和反驳，都会影响倾听效果，必须加以注意！

第二节　从倾听中发现诉求点

中国人说话注重含蓄，讲究分寸，往往“话到嘴边留三分”。对生意人来说，顾客的话里往往蕴藏着许多潜台词、弦外音和话外话。其所听到的，往往可能不是顾客真正想要表达的；所猜测的，可能也不是顾客真实的心思；所做的，自然也不是顾客所期待的。因此，生意人要想读懂顾客的话，必须认真倾听顾客的心声，从而快速促成生意。

1. 倾听顾客话语的“弦外音”

所谓弦外音，就是指言外之意，即在话里间接透露，而不是明说出来。说起“弦外音”，有这样一个小故事：

曹操很喜爱曹植的才华，因此想废了曹丕转立曹植为太子。当曹操对这件事征求贾诩的意见时，贾诩却一声不吭。曹操就很奇怪地问：“你为什么不说话?”贾诩说：“我正在想一件事呢!”曹操问：“你在想什么事呢?”贾诩答：“我正在想袁绍、刘表废长立幼招致灾祸的事。”曹操听后哈哈大笑，立刻明白了贾诩的言外之意，于是不再提废曹丕的事了。

人与人在言语的沟通过程中，“弦外音”是一个重要的组成部分。然而，许多生意人对“弦外音”这种语言表达方式颇为头疼，但是这种弦外音在生意人的经商活动中是真实存在的。

比如，当顾客对商品质量、价格、性能产生疑惑、不信任，又不想将其表达出来时，他们就会提一些无关紧要的问题，而这正是店老板去强化产品购买点和去除顾客疑惑点的好机会。因此，在与顾客的交流沟通中留意顾客的“弦外之音”，才能达到“听懂顾客心”的境界。

一次，一位顾客走进一家店里，想买一台电风扇。看过样品之后，顾客比较满意。当店主准备给他安装时，顾客说：“我以前也用过这个牌子的电风扇，虽然没大毛病，但小毛病不断。不知你店里的电风扇会不会也这样呀？我本来想在别的店里买的，是邻居李大爷说，他是你店里的老顾客，在你的店里买了一台，让我到你的店里来买。你可得保证质量呀。”

听了顾客的话，店主立即听明白了他话里的弦外音：先说一通电风扇的毛病，然后再亮明和老顾客的关系，是想得到与众不同的礼遇。于是，店主热情地说：“哟，是李大爷让你来的呀！不错，李大爷是我店里的贵宾会员，在我店里买东西一般都会便宜的。你放心，我保证电风扇质量没有问题。只要出现了质量问题，你打个电话我会上门来维修。另外，我给你的价格会和李大爷一样的。在我店里购物，保你买得便宜。”

这一番话把顾客说得花心怒放，很快就交钱买下了电风扇。假如店主读不懂顾客的弦外音，只是礼貌地对顾客说句“保证店里的商品货真价实，熟人、生人一视同仁”的话，这位顾客可能就会走掉了。

善听顾客的“弦外之音”，能够及时捕捉到有助于商品推介的有效信息，领会顾客的真实意图。生意人只有用心去倾听，才能真正读懂顾客，掌握他们的真实想法，从容应对。

2. 倾听顾客的“潜台词”

俗话说：“锣鼓听声，说话听音。”生意人要善于“听声”和“听音”，把握好顾客的潜台词。因为在销售的过程中，有些顾客会直截了当地提出自己的想法和诉求，而有些顾客，特别是相熟的老顾客碍于面子，并不会“直言不讳”，会通过旁敲侧击、隐晦曲折的方式表达自己的真实想法和需求意图。遇到这种情况，就要求生意人要认真倾听顾客的话，用一颗细腻的心去了解顾客的真实意图，从而知道他们的潜在要求。再通过仔细分析，深入挖掘，准确地理解和把握顾客潜台词的真实含义，这样才能采取有效的措施，让交易水到渠成。

一天，一位店里的老顾客走进来，店主忙上前和他打招呼。然后问他：“请问您需要点什么呀？”

那位老顾客说：“我前几天在你的店里买了几条毛巾，毛巾上印着的图案真好看呀！特别是那条喜鹊登梅的毛巾上的图案更是栩栩如生。但是我洗完脸用毛巾一擦，喜鹊就飞到我的脸上啦。”

听了顾客的话，店主意识到可能是毛巾掉色，顾客在用这种潜台词表达自己对毛巾质量的不满意，连忙说：“不好意思，如果掉色，你把它拿回来，我给你换一换。”

那位老顾客说：“算了吧，一条毛巾值不了多少钱。”说着，他递给店主10元钱，让店主给他拿盒10元的烟。店主把烟给他，又顺手给他一个防风打火机，告诉他：“毛巾的事不好意思了，这个打火机送给你算是一种补偿吧。”那位老顾客笑了笑说：“老板，我就顺嘴这么一说，你还当真了。别说，这个打火机真不错，我喜欢。谢谢啦！”说完，顾客又买了些食品，高兴地走了。

在生意中，注意倾听顾客话中的潜台词，通过一些蛛丝马迹，分析出顾客的真实想法。然后，有的放矢地对症下药。比如，有些顾客看过推荐的商品后，表示“我回去和家人商量商量”。这种话的潜台词就是不想购买，委婉地拒绝。对于这种情况，要一方面告诉顾客：“回家商量可以，还可以明天上午让您的家人到店里来一趟。因为她有任何问题，我不在场的话，您可能无法给出完整的答复。在没有让她完全了解商品性能的实际情况下做出决定，很可能会对决策的正确性产生影响。或者您还可以先把商品拿回家，如果家人不喜欢或者觉得不合适，再拿回来退掉。”另一方面，要会不动声色地赞扬顾客是个独立的、敢于担当、有主见的人，来促使其做出购买决定。这样一来，顾客没有了后顾之忧，又不想落个不当家的名声，一般就会买下来。

第三节　善于倾听，利于谈判成功

生意人每天和不同的对象进行沟通交流，协商协调，实质上就是不同形式的商业谈判，虽然商业谈判的时间、地点、内容、级别、规模、形式、对象不同，但其中不乏共同之处：

一是通过谈判加强双方或多方的沟通，加深了解，在化解矛盾和分歧的基础上达成共识，以实现交易或合作的目的。

二是通过这种短兵相接的沟通交流，使交易和合作实现自身利益的最大化。

三是谈判中许多谋略的设计和实施，都是在面对面的情况下进行的，即便谈判前制订了一些必要的原则和方法，谈判中也要根据情势的变化而变化，就要求谈判双方或多方必须研究运用一些必要的谈判技巧。

由于商业谈判具有灵活多变的特征，不可能有一个一成不变的公式，但也有一些共性的基本技巧，关键是灵活运用，其中“善于倾听”是非常重要的。

1. 善于倾听，为摸清谈判对方底细打下基础

首先，做好倾听思想认识上的准备。

在商业谈判过程中，谈判桌上的每一句话、每一个举动，都有可能左

右谈判的结局，因此要高度注重倾听。

一些谈判之所以无法顺利地进行下去，多少也是因为谈判者不懂真正地去倾听，因而间接地拖慢了谈判的节奏和进程，无法及时、顺利地解决双方的冲突、纷争，导致谈判无法顺利进行。

谈判桌上竞争激烈，双方难免尔虞我诈，所以就更该密切注意对方所说的每一个字、每一句话，不仅要钻研其字面上的含义，更要配合谈判进行之际的情势，做深入的斟酌与考虑，识破对方在话里暗藏的玄机。如果没有仔细倾听对方的讲话，很可能因一时疏忽而陷入对方的圈套。

生意人在谈判中认真倾听对手的谈话，并仔细地加以分析和提炼，可以获得很多有效的信息。这些信息可以使你更加了解对方，从而帮助你准确抓住时机，掌握谈判的主动权。这是倾听对谈判所起到的一个非常重要的作用。

其次，做好倾听的礼仪准备工作。

整理好自己的仪容仪表，穿着要整洁、庄重。男士刮净胡须，穿西服打好领带。女士穿着不要过于性感外露，不要穿细高跟鞋，化淡妆。

布置好谈判会场，采用长方形或椭圆形的谈判桌，门右手座位或对面座位为首位，让给对方。

准备好材料、钢笔、纸巾、名片夹等必备物品。

再次，做好谈判之初的摸底工作。

谈判之初，由于对对方不是很了解，因此摸清对方的底细工作就变得非常重要。那么，如何使摸清对方底细工作做得更好呢?

（1）留下良好的第一印象，是摸清对方底细的第一步。

谈判双方接触的第一印象十分重要，言谈举止要尽可能创造出友好、轻松、良好的谈判氛围。如果没有产生良好的第一印象，要摸清对方的底细就无从做起了。

（2）营造良好的氛围，为摸清对方底细创造条件。

在作自我介绍时，要大方自然，不可露出傲慢之意。被介绍到的人应起立一下微笑示意，礼貌地道：“幸会”“请多关照”之类。询问对方要客气，如“请教尊姓大名”等。如有名片，要双手接递。介绍完毕，可选择双方共同感兴趣的话题进行交谈，稍作寒暄，以沟通感情，创造温和气氛。

（3）表现出尊重和礼貌的姿态，是摸清对方底细的先提条件。

谈判之初的姿态动作也对把握谈判气氛起着重大作用，注视对方时，目光应停留于对方双眼至前额的三角区域，这样可以使对方感到被关注，觉得你诚恳严肃。手心冲上比冲下好，手部自然下垂，不宜乱打手势，以免造成轻浮之感。切忌双臂在胸前交叉，那样会显得十分傲慢无礼。

谈判之初的重要任务是摸清对方的底细，因此通过以上的表现，使对方放心、信任，从而创造出谈判的气氛，实现摸清对方底细的目标。

2. 善于倾听，益于谈判成功

倾听是对对方谈话的肯定，认真倾听对方的发言，即等于向对方表示出你对他的重视、依赖和好感，可促进谈判形成和谐、轻松、友好的气氛，有利于相互妥协，达成共识。

有一家美国汽车公司，想要选一种布料装饰汽车内部。有三家公司提供了样品，供汽车公司选用。公司董事会经过研究之后，请他们三家公司分别来做最后的说明，然后再决定与谁签约。三家厂商中，有一家美国专门生产汽车内部装饰布公司的代表，在从事公司业务活动中突然患了严重的喉炎，无法流利说话，只能让汽车公司的董事长代为说明。董事长按公司的产品进行了产品的优点、特点介绍，并代他回答了有关产品的各种问题，而这个不能说话的业务代表在一旁认真地倾听，不时地点头、微笑和以各种动作来表示他的关注与谢意。结果，他们公司竟意外地获得了成功，该汽车公司和他们公司签订了总金额160万元的订单。这是这位业务代表做此项生意以来获得的最大的成交额。他分析这次交易之所以能成功，在于他认真倾听和谦恭微笑赢得了对方的好感，为达成这笔交易奠定了基础。

在谈判中，认真倾听对方的话语，并仔细地加以分析和提炼，可以获得很多有效的信息。通过这些信息，可以更加了解对方，从而帮助你准确抓住时机，掌握谈判的主动权。这是倾听对谈判所起到的一个非常重要的作用。

在德国，有一位著名的谈判专家，他的表哥是一位教师，这名教师的汽车由于遭到了火灾受到了一些破坏。汽车是在保险公司投过保的，教师准备向保险公司索取赔偿，就请这名谈判专家来帮忙。

这名专家的谈判风格是非常注意倾听对方，极善于从倾听中挖掘对自己有利的谈判信息。他问教师希望得到多少赔偿。

教师说："我想看看保险公司能不能赔偿我300元。您说有可能吗？我是想多要一点，不过我的口才您是知道的，所以我只能请您帮忙了。"

谈判专家又问："那请您再告诉我，这场火灾究竟给您造成了多少经济损失？"

教师回答说："损失程度绝对在300元以上，这个您绝对放心。"

于是，专家心里有了底。

教师给保险公司打电话，保险公司的理赔调查员很快就来到了他的家里。

当理赔员发现大名鼎鼎的谈判专家在场时，知道今天的工作肯定不好做了。他主动先向谈判专家打招呼：“你好，先生，很荣幸在这里见到你。”谈判专家听了这样的问候，立刻明白了对方心理的感受，他也热情地回应对方：“你好，见到你很高兴。”

“先生，我知道像你这样的交涉专家向来都是权威，但是在今天的赔偿上，恐怕我们不能够赔得太多。如果我只想赔给100元，请问你觉得怎么样呢？是不是嫌太少了呢？”理赔员单刀直入地说道。

凭借多年的经验，再加上从对方话里听出来的语气，谈判专家判断这个数额绝不是对方的心理底价，这一次出价之后一定还有第二次，甚至第三次、第四次。而且理赔员一开口就说他“只能”赔这么多，显然是自己也觉得这个数目太少，不好意思多说。于是他选择了沉默。

果然，理赔员开始沉不住气了，主动说道：“抱歉，请不要介意我刚才的建议，我再加一点，200元如何？”

谈判专家说道：“不行，我还是不能接受你这样的条件，数目少得简直难以置信！”

于是对方又说道：“那好吧，我赔给你300元，怎么样？”

谈判专家又一次回答：“绝对不行。”

“好吧，那就400元吧，这个数额已经够高了。”

“我还是接受不了，你再来看一下汽车的受损情况吧。”

就这样，理赔员一次次地将赔偿金额增加，最后竟然以惊人的

950 元的赔偿费了结了这次谈判。这一结果大大出乎谈判专家的表哥——那位教师的预料。

在这次谈判中，那个理赔员也许是一时疏忽，也许是过于紧张，竟然在第一次开价时说出了“如果我只想赔给 100 元”的话，“如果”“只”不是明显在告诉对方，这一价格只是自己在做试探吗？而且开价后又去询问对方意见，问对方是不是觉得太少了。这不是明显对自己的开价没信心吗？谈判专家正是从这些话里听出了对方心里的真实想法，才一直追着要对方提高赔偿，并最终取得了谈判的胜利。

由以上案例可以看出，在谈判过程中，生意人可以有一半左右的时间听对方说话。认真倾听和观察是对一个谈判者的基本要求。一个老练的谈判者一般不会抢先表态，而是等对方陈述完后发制人，在洗耳恭听中找到对方的破绽与漏洞，从而为自己要求的实现创造条件。

生意人在商业谈判中，可以先提出一些很尖锐的问题，然后耐心地倾听对方的意见。俗话说：“锣鼓听声，说话听音。”会不会倾听、能不能听出对方的“话外之音”、听了能不能做出正确的分析和判断、能不能找出对方的软肋或破绽从而拿出应对的策略，这些都是能不能实现谈判目的的关键。而高明的谈判者不仅善于倾听，还善于在不显山、不露水的情形下，启发对方多多地说、详细地说，最好把他们要说的话、想说的话尽量都说出来。在对方有一种“言多必失”的警觉时，要尽力地“谆谆善诱”。

在倾听了对方的意见后，生意人就要从对方说话的神情、讲话的速度、声音的高低、说话的思维逻辑等方面，判断对方的真实意图，判断哪些谈判信息是有价值的，然后根据己方的原则立场，拿出一套应对的策略。同时，还要随着对方策略转换而转换，或者是设法把对方的思路引向自己的策略中来。这样才能在谈笑风生之中，掌握谈判的主动权。

所以，生意人在谈判中自己拿不准主意的时候，在自己不知所措的时候，在害怕商业机密外泄的时候，那就多听听吧。倾听，会让你掌握更多的商业信息；倾听，会让你比说话收获更多。

第九章

拥有自己的蓝海市场

目前，在国内许多行业中，产品同质化十分严重，企业为争夺有限的市场空间而采取各种激烈的“战争”，导致整个行业生存环境恶化。同时，随着经济全球化格局的日益形成，中国企业将不得不面对层次更高的国际竞争。在国际市场上，由于中国企业已被长期的“内耗”严重地削弱了实力，它们已无太多优势可以利用，去应对强大的跨国公司的进攻。蓝海战略的出现，为那些已处于“内忧外患”的中国企业超越竞争、实现可持续性发展提供了一种创新的战略思维。

著名企业家姜南春对蓝海战略有个形象的比喻：“很多人非常疯狂地拥挤到巴士上抢座位，好不容易挤上去了，还要抢座位，好不容易抢到座位，却时时刻刻担心被别人抢走。而陈天桥（盛大网络董事会主席）这个时候却不去挤巴士，他走上了旁边的一辆凯迪拉克，没有人，油箱是满的，车上已经插好了钥匙，一踩油门就可以飞驰而去了。”这个比喻形象地说明，这种通过价值创新找到的商业模式的发展之路，才是最成功的商业模式。因此，生意人拥有自己的蓝海战略是具有非常巨大的现实意义的。

第一节　认识蓝海战略

1. 蓝海与红海

蓝海战略是由W. 钱·金和勒尼·莫博涅在研究太阳马戏团成功的秘诀后提出的。他们指出，太阳马戏团的成功秘诀在于为了获取未来的成功，企业必须停止相互间的竞争。在竞争中制胜的唯一办法就是打消竞争的念头。

为了更好地解释太阳马戏团的成功，他们设想市场空间由两种海洋组成：红海和蓝海。所谓红海，代表当前已存在的所有行业，这是一个已知的市场空间，因为供给严重大于需求，企业竞争激烈，企业之间的血拼就如一片战斗的血海，故此称为红海。“红海”就是充满血腥竞争的已知市场空间。而蓝海则是指尚未开发，或者尚未被大部分企业重视的市场领域，在这样的领域中，竞争压力比较小。“蓝海”就是尚未开发的新的市场空间。

在红海中，产业边界是明晰和确定的，游戏的竞争规则是已知的。身处红海的企业试图超过竞争对手，以攫取已知需求下的更大市场份额。当市场空间变得拥挤，利润增长的前景随之黯淡。产品只是常规性的商品，而割喉式的恶性竞争使红海变得更加血腥。与之相反，蓝海则意味着未开垦的市场空间、需求创造以及利润会高速增长的市场。尽管有些蓝海是在现有的红海领域之外创造出来的，但绝大多数蓝海是通过扩展已经存在的产业边界而形成的，正如太阳马戏团所做的那样。在蓝海中，与竞争无关，因为游戏规则还有待建立。

在红海领域中，击败竞争者是重要的，因为红海一直存在，并将始终是现实商业社会的一部分。但随着越来越多的行业出现供大于求的现象时，对市场份额的争抢虽然必要，但已不足以维持良好的业绩增长。为了获得新的利润和增长机遇，企业需要超越竞争企业必须开创蓝海。过去的战略研究主要集中于以竞争为基础的红海战略上。通过分析现有的产业内在经济结构，选择降低成本、细分市场或重点突破策略，人们对在红海里开展有效竞争已经相当了解。而蓝海在很大程度上是未知的，需要人们进一步分析、研究。下表表示出了红海和蓝海的区别。

“红海”与“蓝海”

红海	蓝海
已存在的行业	未出现的行业
已知的市场空间	尚未开发的市场
游戏规则已确立	没有游戏规则
竞争激烈	没有竞争
千军万马过独木桥	天高海阔凭鱼跃
过去的、老化的战略	新时代、有活力的战略

2. 蓝海战略的本质特点

本质特点之一：企业可以开辟当今还不存在的产业，打开一个未知的市场空间。这个亟待开发的市场空间或产业就是“蓝海”，它代表着创新的需求，代表着高利润增长的机会。在蓝海战略里，企业没有竞争对手，企业为顾客创造了价值，因此企业可以获得高额回报。

本质特点之二：蓝海的开创者不以竞争对手为标杆，而是采用一套完全不同的战略逻辑，这就是价值创新。价值创新是蓝海战略的基石。在蓝海战略逻辑的指导下，企业不是把精力放在打败竞争对手上，而是放在全力为买方和企业自身创造价值飞跃上，并由此开创新的、无人竞争的市场空间，彻底摆脱竞争。

本质特点之三：蓝海战略的价值创新对“价值”和“创新”同样重视。按价值创新来协调企业活动的圈套系统。

3. 蓝海战略的含义

蓝海战略，就是企业突破“红海”的残酷竞争，不把主要精力放在打败竞争对手上，而主要放在全力为买方与企业自身创造价值飞跃上，并由此开创新的“无人竞争”的市场空间，彻底甩脱竞争，开创属于自己的一片蓝海。这是一种企业通过开创新的、未被竞争对手重视的市场领域以达到扩张目的的战略。

蓝海战略要求企业把视线从市场的供给一方移向需求一方，从与对手的竞争转向为买方提供价值的飞跃。通过跨越现有竞争边界看市场以及将不同市场的买方价值元素筛选与重新排序，企业就将重建市场和产业边界，开启巨大的潜在需求，从而摆脱“红海”的血腥竞争，开创“蓝海”，实现同时追求“差异化”和“成本领先”。

红海和蓝海战略的比较

红海战略	蓝海战略
在现有的市场空间内竞争	开创无人争抢的市场空间
击败竞争对手	规避竞争
争夺现有需求	创造并获取新的需求
遵循价值与成本互替定律	打破价值与成本互替定律
根据差异化和低成本战略选择，把企业行为整合为一个体系	同时追求差异化和低成本，把企业行为整合为一个体系

4. 对蓝海战略认识的误区

自从“蓝海战略”的概念被提出后，就在世界企业管理界掀起了一股“蓝海风暴”，但人们对于“蓝海战略”的认识还存在着许多误区，主要表现在以下几个方面：

（1）蓝海战略需要创新，但创新不等于蓝海战略。

虽然蓝海战略非常强调创新的重要性，但创新并不是蓝海战略的核心价值。蓝海战略所强调的创新是能够为企业带来经济利益的创新，即价值创新。这种价值创新只有既能使企业获利，又不易被别的企业模仿，才是真正的蓝海战略。因此，尽管蓝海战略重视创新，离不开创新，但创新与蓝海战略不能画等号。

同时，在蓝海战略的制定过程中，企业不能脱离自己的实际能力，单单依靠想象是无法进入生存领域的。

（2）蓝海战略强调摆脱残酷的竞争方式，但并不意味着企业没有竞争意识。

我们知道很多企业都面临着各种各样严峻竞争的困扰，但是也有一些公司例外，他们没有竞争者，比如星巴克。星巴克始终处于快速发展的阶段，它有很多家店，每家店门口都有人在排队。这种现象用“以竞争为基础”的理论是无法解释的，而蓝海战略使我们了解到无竞争市场与有竞争市场之间的差异。今天的“蓝海”并不意味着明天还是“蓝海”。蓝海战略确实能为企业带来高额利润，能使企业摆脱竞争，驶入风平浪静的海港。但摆脱竞争只是相对的，而非绝对的。最初进入“蓝海”的企业可能会淘到第一桶金，暂时安全，但随着追随者的进入，“蓝海”会渐渐被血腥的味道充斥，最终变成“红海”。

因此，摆脱竞争不是一件一劳永逸的事，任何进入“蓝海”的企业都需要不断开创新的“蓝海”，不断提高竞争意识，不断寻找属于自己的那片“蓝海”，保证自己永远在巨大的“蓝海”中生存。

5. 蓝海战略对企业的意义

据相关数据显示，86%的新业务开拓都是在“红海”领域，只有14%是在“蓝海”领域进行。虽然“蓝海”领域内进行的新业务开拓只有14%，但是却占收入上的62%，利润上的39%。由此可见，进入“蓝海”对于企业、对于社会都受益匪浅。对我国企业，其意义则更加重大。

(1) 改变我国陈旧的竞争观念，避免残酷的价格战。

当前许多企业把目光集中在了低成本上，由此引发的一系列价格战不仅影响企业的品牌和信誉，使其难以长久生存，也使消费者难以得到实惠。就拿我国彩电业的价格战来说，尽管企业将彩电的价格降低到不能再降的程度，但消费者并没有因此就感到满意。当企业在某一产业中难以寻找出路时，企业应该转换观念，及时调整投资方向，开辟属于自己的“蓝海”。

（2）为企业家开辟新的投资思路，避免盲目跟风。

在我国，由于企业家缺乏创新意识导致的“家电热”“汽车热”“数码热”等现象屡见不鲜。这种现象不仅会使参与其中的企业受损，而且会造成社会资源的浪费，不能使社会资源达到较优配置。虽然国内也有具备创新意识的企业家走进了自己的“蓝海”，但毕竟是凤毛麟角。面对这样的大环境，企业能否避免跟风，始至不渝地走自己的路是摆在企业家面前的一大问题。因此，在中国，企业实施蓝海战略必须首先树立企业家的创新意识，培养企业家的战略眼光，改变跟风的习惯。

（3）提升我国产品附加值，改变我国“世界加工厂”的形象。

目前，发达国家制造业的“空心化”实际上是将增值较低的装配部分转移出来，而自己则牢牢把持对高附加值部分，如关键技术等知识产权的控制，形成双方相对收益上的巨大差异，使得装配方根本无力实施技术赶超。因此，技术的落后直接影响到一个国家的实际经济和政治地位。我国必须改变这种现状，积极探索寻找新的出路，开辟有中国特色的产品、技术、品牌、商标，等等。我们的企业要必须扭转目前这种只赚取加工费的局面，开创自己的“蓝海”，不断地创新，以提升产品的附加值。

第二节　制定、运用蓝海战略

1. 制定蓝海战略的基本原则

（1）重新构筑市场的边界。

通过重新构筑市场的边界，从而打破现有竞争局面，开创“蓝海”。这一原则说的是许多公司经常会碰到的搜寻风险，其难点在于如何成功地从一大堆机会中准确地挑选出具有蓝海特征的市场机会。这一点对于企业经营者非常重要，因为他们不可能像赌徒一样通过直觉或者抽签的方式决定企业的战略。

（2）关注全景而非数字。

如何协调战略规划过程，做到关注全局，并且在绘制公司战略布局图时，应用这种观点制订蓝海战略。这是一个不小的挑战。研究表明：大多数公司的战略规划过程仍着眼于“红海”，倾向于驱使公司在现有的市场空间内展开竞争。

该原则关键是要减少规划风险，避免投入很多精力和时间，通过描绘战略布局图，持续地制订和调整战略，使更多的员工提高创造性，拓展公司的蓝海视野。战略布局图更加易于理解，便于沟通，从而使得执行更加有效。

（3）超越现有需求。

任何公司都不希望在跳出红海领域之后，发现自己置身于一个小水塘。问题是，如何最大限度地扩大所要创造的蓝海领域。这就涉及蓝海战略的第三条原则：超越现有需求。作为价值创新的关键因素，这种方法通过汇聚对新产品的最大需求，降低新市场带来的规模风险。

（4）遵循合理的战略顺序。

如果想在蓝海战略的指导下，通过正确的战略顺序，充实和细化蓝海理念，确保其在商业上的成功。只有理解了什么是争取战略顺序，以及如何借助战略顺序中的关键指标来评估蓝海理念，才能有效地减少商业模式的风险。

（5）克服关键组织障碍。

制定了可盈利商业模型的蓝海战略以后，就应该执行这个战略。当然，任何战略都存在执行的挑战，无论是红海战略还是蓝海战略，公司也如个人一样，常常在将思想转化为行动时有困难，但与红海战略相比，蓝海战略更加意味着挑战现状，从与人雷同的价值曲线向低成本的战略转型，执行的难度就更大了，但必须执行。

（6）寓执行于战略。

战略的执行不能只靠高层管理者或是中层的经理们，而是要依靠公司从上到下的每一个人。只有当公司的所有员工都围绕着一项战略，不计成败共同努力，这家公司才能成为一个坚定有力的执行者。克服组织内部的障碍是战略执行的关键一步，否则再好的战略也将无功而返。

归根结底，战略的有效执行取决于公司员工的态度和行为。对于既定的战略，公司需要营造一种忠诚和奉献的文化，从而激励员工对战略的内在精神，而非字面上的意思加以执行。只有当员工的个人意志和公司新的战略相一致时，员工才能自觉自发地，而不是被动地执行战略。

以上六原则，可以用下表简洁表示出来。

蓝海战略的六项原则

制订战略的原则	降低相应的风险
重建市场边界	↓搜寻风险
注重全局而非数字	↓计划风险
超越现有需求	↓规模风险
遵循合理的战略顺序	↓商业模式风险
克服关键组织障碍	↓组织风险
寓执行于战略	↓管理风险

2. 从红海战略到蓝海战略的转移

当前，技术进步加速全球经济一体化以及消费者需求个性化等诸多变化，使竞争更加激烈。企业如何走出超越竞争的战略进入“蓝海”，是企业的头等大事。为此，中国企业需要转型，需要寻找进入“蓝海”的方式。蓝海战略的核心是改变行业的竞争模式，“蓝海”既可以出现在现有产业疆域之外，也可以萌生在现有产业的“红海”之中。因此，对于中国企业，重要的是如何实现从红海战略到蓝海战略的转移。要顺利实现这个战略性的转移需要做到以下几点：开创没有竞争的新市场；不与对手竞争，使竞争变得毫不相干；创造新的需求，并通过成本控制追求持续领先；追求为顾客提供使用的高价值与产品的低成本；调整整个公司的操作系统，给予完全的配合。要实现以上转变，首先就要做到：

（1）创新思维，重视企业家的作用。

企业家是一种执行新组合的职能，这种职能不是一般通过小步骤的不断调整从旧组合中产生的，它既不产生新变化，也不产生我们所谓的发展，而是间断出现。经理人或者管理者——“企业家”的本质工作在于不断发现机会和利用机会，由此才推动了经济和社会的进步和发展。当今社会正处于一个环境剧烈变化的时代，挑战与机遇并存，这就要求企业家创新思维，独辟蹊径，识别并把握机会，不在竞争白热化的市场上争高低。

（2）从以效率为中心到以价值为中心，实现管理重心转移。

过去在巨型工厂、复杂自动化设备和众多工人的基础上的组织与管理形态下，管理的重点在于实现工作效率最大化。而在接近一种似乎没有实体存在的组织中，价值创造最重要，组织成为整合全球资源的弹性需要，时间成为决策和行为上的最重要因素。单纯追求效率不再有效，弹性和适应性成为取胜的关键和条件，比谁的速度更快，比谁能主导市场。这就需要从以往的单纯降低成本、提高效率的做法上转到同时提高客户价值和企业价值的道路上来，真正为客户创造价值。

（3）克服组织障碍，开通从红海战略到蓝海战略的转移之路。

尽管人们越来越在技术创新、管理创新等方面达成共识，但人们并未完全接受价值创新。这是因为价值创新往往涉及部门、单位以及个人利益的调整，需要组织内部取得思想和行动上的协同一致。因此，首先要使员工意识到战略转移的必要性，其次要集中使用有限资源，最后实施有效的激励机制来保证组织的支持。

3. 运用蓝海战略

20 世纪的管理战略与方法所赖以存在的商业环境正在加速消亡。随着红海竞争变得日益残酷，管理者必须改变当前千军万马过独木桥式的习惯模式，向“蓝海”转型。

价值创新是开创蓝海、突破竞争的战略思考和战略执行的新途径。重要的是，价值创新对竞争战略的一项基本原则——价值与成本恰如鱼和熊掌不可兼得，提出了挑战。在传统认识中，人们普遍认为，企业要么以高成本向客户提供高价值，要么以低成本提供相应的价值。在此，所谓战略就是在差异化和低成本之间进行选择。相反，“蓝海”的探索者们却同时追求差异化和低成本。

“蓝海战略”的基本核心点就是谁能够率先发现新的市场空间，谁能够在产品与消费者之间创造一个彼此都满意的价值链，谁就会在市场竞争中占得先机。星巴克（Starbucks）正是应用了这一核心点。

自霍华德·舒尔茨于1987年收购星巴克开始，一个全球范围的咖啡帝国开始崛起。自1992年在纳斯达克公开上市以来，星巴克的销售额平均每年增长20%以上。过去十几年，星巴克的股价上涨了5000%。星巴克在全球39个国家开店的数量达到13500多家。300多年来，没有咖啡馆公司能够做出这种规模，这是史无前例的！

在一个技术含量和进入壁垒较低的咖啡馆行业中，星巴克之所以能成为全球成长最快的品牌，是因为它实施了蓝海战略，避开陷入“红海”的血腥竞争，集中全力开创“价值创新”，为企业和买方都创造了价值的飞跃，使企业彻底摆脱了竞争对手，并将新的需求不断释放出来。

星巴克成功的关键核心可以概括为：在喝星巴克的咖啡这个动态过程中，星巴克（伙伴们）最大化地传递文化和“宠爱”顾客的能力。星巴克的蓝海战略4个关键因素分别为第三空间、独辟蹊径的营销传播、“人的事业”以及“星巴克美学”。

（1）第三空间。

企业要实现价值创新，找到“蓝海”机会，必须冲破那些限制企业竞争的现有边界。星巴克开创的蓝海战略，源于霍华德·舒尔茨的“第三个去处”的创意。他认为星巴克应该成为客户生活的一部分，成为他们每天除家和办公室之外的“第三个去处”，他们可以在一个安全的场所放松下来，还能享受到一种社区的感觉。在运用“第三个去处”创意基础上，星巴克以过硬的咖啡品质和顾客至上的服务，塑造了独特的星巴克文化。并且成功地将星巴克塑造成一个与众不同的、恒久的、承载价值的品牌。

（2）独辟蹊径的营销传播。

营销传播是企业塑造品牌的有效途径。星巴克很少使用传统的广告方式，而是通过已有的店面来营造口碑，星巴克通过口碑相传做到了妇孺皆知。星巴克通过“熟客俱乐部”“咖啡教室”和“咖啡一刻”三大独特内涵的法宝，玩转了口碑传播，让广大消费者锁定了这个品牌。星巴克也有意识地把培育品牌的权利下放给每一位员工以强化品牌的口碑传播。

（3）“人的事业”。

外部顾客满意和内部员工满意是事业成功的根基。传统的咖啡馆通常只关注顾客需求，而忽视了内部员工。星巴克开创的“蓝海”，则是一种新型的以情感关系为核心战略，不仅高度关注每一个顾客，同时高度关注员工。舒尔茨有句名言：“我们不是用人经营咖啡的事业，而是用咖啡经营人的事业。”星巴克总是把员工放在首位并对员工进行了大量的投资。事实上，关系理论作为星巴克的核心价值观，同烤制有品质的咖啡豆一样重要。1991年星巴克开始实施“咖啡豆股票”，这是面向全体员工股票期权方案。每个员工都持股，都成为公司的合伙人，这样就把每个员工与公司的总体业绩联系起来。员工利益放在第一位，尊重他们所做出的贡献，将会带来一流的顾客服务水平，自然会取得良好的投资回报。因此，舒尔茨认为“星巴克的成功完全建立在员工和企业的关系上”。

(4)“星巴克美学”。

店址选择是咖啡馆经营成功的关键因素。星巴克选址极为挑剔，其基本原则是进入大饭店、大商场等高档区域，以使得星巴克和巷道中散布的咖啡馆严格区分开来。星巴克的美国总部有一个专门的设计室，拥有一批专业的设计师和艺术家，负责设计全世界范围星巴克店面。走进任何一家星巴克，迎面而来的是柔和的灯光和整洁环境，以及扑鼻的咖啡香味，看似随意摆着软软的木沙发和光滑的木桌子，光滑的大理石吧台上摆着考究的咖啡制作器。而灯、墙壁、桌子和美人鱼商标都是从绿色到咖啡色深浅不一，营造出一种人与自然和谐相处的氛围，非常贴合“第三空间”的理念。

星巴克将音乐上升到了仅次于咖啡的位置，星巴克音乐已经不单单是“咖啡伴侣”，其本身已经成了星巴克商品的主要组成部分。星巴克播放的大多数是自己开发的有自主知识产权的音乐，迷上星巴克咖啡的人很多也迷恋星巴克音乐。顾客可以悠闲地欣赏音乐，翻阅报刊杂志，使用自己的无线功能电脑在网上冲浪。

所有这一切，使顾客在听、看、嗅的过程中，产生喜欢的特殊“浪漫”氛围。星巴克把咖啡作为载体将这种独特的氛围传送给顾客。

星巴克努力把顾客在店内体验化为一种内心的体验，建立了极强的纽带关系。

战略布局图是建立强力蓝海战略的诊断框架和分析框架，横轴显示的是产业竞争和投资所注重的各项元素价值曲线标绘出一家企业在各元素上表现的相对强弱。星巴克的战略布局图总结如下：

蓝海战略的制定要体现三个互为补充的特点，即重点突出、另辟蹊径、令人信服。这样就能开启企业组织中各类人员的创造性，把企业的视线引向蓝海战略，并且这样的战略更易于理解和沟通，便于有效地执行。星巴克的战略布局图显著体现了蓝海战略的三个特点，所以星巴克超越了竞争，并取得了巨大的成功。

星巴克的成功对我国企业非常有启发意义。盛大网络的陈天桥就是成功利用蓝海战略人物之一。

在国内互联网风云变化的环境当中，疾速发展中的盛大应该往何处去？这曾经是摆在陈天桥面前一个现实而又急切的问题，在游戏业务走到顶峰的时候，陈天桥迫切需要为盛大寻找下一个五年的战略成长通道。陈天桥的选择是通过不断的寻找“蓝海”来确立自己在整个互动娱乐媒体行业的优势。

陈天桥认为，在当下的互联网环境当中，变是一种常态，不变是一种非常态。既然选择了互联网，选择了网络游戏和互动娱乐，就应随时准备着互联网技术和互联网用户带来的改变。与其让别人改变，不如自己改变；与其让收入压着被动地变，不如自己主动求变；与其以后变，不如现在变。

IBM 和英特尔正反两个例子也让陈天桥更加看清变革的必要性。

由于及时转型，逆境中的IBM不仅顺利走出了危亡的困境，而且再次成为IT行业的领头羊。但是，因为没有能够对行业变化作出及时准确地反应，芯片巨头英特尔在AMD（超微半导体公司）的竞争压力下显得非常被动。

过去的一段时间里，盛大网络的扩张速度多少有些让人晕眩，但对比多数的国内互联网公司，则由于一直在追逐于电信增值等能够迅速带来短期盈利的业务，而丧失长期战略规划，不过陈天桥认为，盛大几年来的扩张并没有做多元化，精力也没有分散，只是“让自己的每个环节，打得更实，挖得更深，力求创造更大的价值”。变有变的法则。据盛大高级副总裁张艳梅介绍，在“蓝海战略”这个名词没有在国内流行之前，陈天桥已经开始用“新西湖”与“老西湖”这样的比喻，向自己的部下做类似的战略阐述。“老西湖周围都是国宾馆，一亩地要1000万元。而你往后一仰，靠近钱塘江去挖一个新西湖，周围的地都是你的。”在了解了蓝海战略的内容之后，陈天桥恍然发现自己的“新西湖”同时下流行的“蓝海”之间有一种密切的联系。

在自己最为渴求的平台方面，陈天桥亦曾跌入“红海”，盛大曾经尝试过自己进入即时通信、互联网门户等领域，但是很快就发现自己在同每个行业里的最强者在竞争，因此断然撤手。陈天桥领悟到：“一旦前倾，所有的行业领先者都会成为竞争对手。一旦后仰，所有的这些行业领导者都会成为自己的合作伙伴。”盛大就此采用后仰的方式，提出“用遥控器上网”概念，让自己同其他的互联网整合者区分开来，在这个里面，盛大会是唯一的平台供应商。

在陈天桥看来，过去的几年当中，盛大已经多次主动求变，通过蓝海式的拓展，实现公司的扩张。2001年，绝境之中的盛大进入网络游戏，发觉自主内容的重要性之后，又进入自主研发。2005年第三季度在盛大利润最高的时候选择了彻底的模式变革，而后又开始在免费游戏模式的基础上做电子商务平台的建设。每次变革均经历大风险，而最后也均获得大成功。

再如，放眼中国近几年的富豪排行榜，荣智健、朱孟依、丁磊、姜南春等中国富豪，他们无一不是实施蓝海战略，才让他们掘得了一个产业的第一桶真金。

如今，我国面临着产业升级改造，企业以及经营企业的生意人应该突破原有的竞争思维，开创一片真正的蓝海市场。